U0945965

考入名校你就赢

王雪东◎著

新世界出版社
NEW WORLD PRESS

图书在版编目（CIP）数据

考入名校你就赢 / 王雪东著．—北京：新世界出版社，2012.2
ISBN 978-7-5104-2580-6
Ⅰ．①考… Ⅱ．①王… Ⅲ．①中学生－学习方法 Ⅳ．①G632.46
中国版本图书馆CIP数据核字（2012）第017144号

考入名校你就赢

作　　者：王雪东
责任编辑：杨　磊　石乃月
封面设计：王　鑫
责任印制：李一鸣　黄厚清
出版发行：新世界出版社
社　　址：北京市西城区百万庄大街24号（100037）
发 行 部：（010）6899 5968　（010）6899 8705（传真）
总 编 室：（010）6899 5424　（010）6832 6679（传真）
http：//www.nwp.cn
http：//www.newworld-press.com
版 权 部：+8610 6899 6306
版权部电子信箱：frank@nwp.com.cn
印　　刷：北京中印联印务有限公司
经　　销：新华书店
开　　本：787×1092　1/16
字　　数：223千字　印张：13
版　　次：2012年5月第1版　2012年5月第1次印刷
书　　号：ISBN 978-7-5104-2580-6
定　　价：29.80元

目录

CONTENTS

序言 I

每个人都是自己的主宰

我出生在艰苦的农村，家中有兄弟四人，我排行老大。从小我就特别不爱学习，上中学的时候，我就是一个淘气鬼，淘气的程度不亚于你们。当时，在老师的眼里，我算得上是个典型的“差生”，当然了，那时候还没有这个词儿，但以现在的眼光来看，就是这样。我不喜欢学习，尽管很聪明；我喜欢和老师作对，尽管有时也知道不对。但今天，我却成为了一名教师，而且不谦虚地说，我还是中科院的数学博士、学生心目中的好老师。是什么让我发生了这么大的变化？我必须要感谢在我成长道路上的许多人，但更重要的是，我觉得，一个人无论外界给你怎样的帮助，最重要的是你要成为自己的主宰。

我读高一时，学习成绩奇差。但就是凭借自己想上大学的强烈心愿，我克服重重困难，战胜了自己，最终考上了大学。毕业之后，我从一所艰苦的乡镇中学起步，然后到县城中学，再到市里的中学，最后成为人大附中的老师。这一路走来，我感触最深的是，一个人只有成为自己的主宰，才能走向成功。我也相信，一个人必先自助，然后人才能助之。

我的学生的成长经历也验证了这个道理。无论是后来步入清华、北大的，还是走出国门，身在牛津、剑桥的，他们无一不是自己的主宰！在留学期间自己挣钱的陈远，凭借自己的能力获得学校认可、入住牛顿曾住过的房间的肖盾……在他们的身上，主宰自己的意识特别强烈。

我不知道你看到这本书的时候处于什么状态，但我相信，如果你能做自己的主宰，而不被外界诱惑迷失自我，那么成功离你就不远了。只有你自己主宰了自己，你才能为自己的人生确定明确的目标，你才能在人生的道路上奋勇向前，你才有勇气和力量克服前进道路上的各种困难、各种挫折，一步一步完成自己的华丽蜕变。

在昆虫的世界里有一种叫“帝王蛾”的蛾子，它之所以被人们称为帝王蛾，是因为它能以惊人的韧性和耐力去挣破命运设置给它的厚厚的茧，从而走出恒久的死寂，展开飞翔的翅膀。帝王蛾出生伊始便被桎梏在一个极其狭小的茧中，如果它想要让生命发生质的飞跃，就必须苦斗漫长的黑暗，用坚韧的毅力和勇气冲破身上的层层束缚，拼尽全力，破茧而出。

成就帝王蛾的不是别人，而是它自己；成就我们将来的不是父母、不是老师，而是我们自己。只有能主宰自己的人，才是真正的强者；只有能主宰自己的学生，才能昂首挺胸地迈入理想的名校之门。

序言Ⅱ

找对方法，迈入名校

一个禅者在恒河边打坐时，听到挣扎的声音，睁开眼睛一看，一只蝎子正在水里挣扎。他伸手把它捞出来时，却被蝎子竖起的毒刺蜇了一下。过了一会儿，他又听到挣扎的声音，睁开眼睛一看，蝎子又掉到水里去了，在水里挣扎。他又把它救上来，当然，又被蜇了一下。他继续打坐，过了一会儿，他又有了相同的不幸遭遇。

旁边的渔夫说："你真蠢，难道不知道蝎子会蜇人？"

"知道。"

"那你为什么还要救它？"

"蜇人是它的本性，慈悲是我的本性。我的本性不会因为它的本性而改变。"

这时，他又听到挣扎的声音，一看，还是那只蝎子。他看看自己肿起来的手，又看看在水里挣扎的蝎子，毫不犹豫地再次朝它伸出手去。这时，渔夫把一根干枯的枝条递到他手上。禅者用这根枯枝捞起蝎子，放到岸边。这回，他的手没有再被蜇到。

看完这个故事，我没有被禅者的慈悲所感动，反而惊讶于他那可笑的方法。其实，在我们的现实生活中，也有很多学生像这位禅者一样，他们付出了那么多的努力，但结果却事与愿违。是他们不聪明吗？不！是他们的方法有问题。

关于我，有太多神奇的传说。说我多么神，能在辅导学生两个小时后，让他们的成绩提高20分。其实不是我有多神，主要是因为我给这些学生指点对了学习的方法。

方法是解决问题的金钥匙，是成功的通行证。找不对方法，再怎么努力都是徒劳的。从当年我参加高考复习，到辅导我女儿的学习，再到我接手人大附中12班的学生、指导他们确定目标、走过三年、收获丰硕的成果，这里面，我的指导方法，以及我的学生（包括我女儿）的独特学习方法起了相当大的作用。

我一直认为，没有笨孩子，只有不当的方法，这方法包括教育方法和学习方法。我也相信，未来社会的文盲是那些面对纷纭的知识不知道该如何选取和学习的人。学习是一件说它难它也难、说它不难它也不难的事情，关键在于你是否找对了方法——科学的方法。

在学习上，许多人以“书山有路勤为径，学海无涯苦作舟”为座右铭，但是勤奋和刻苦并非是取得学业成功的唯一因素。我们常常看到这样的现象，有的人非常勤奋，除了白天学习外，晚上还要学习到深夜，甚至连课间10分钟也不放过，可是成绩却很一般；另外一些人学习并不十分紧张，除了上课和自习课以外，还经常参加文体活动，

在学习上投入的时间比一天到晚用功的同学少很多，可是成绩反而更好。这两类学生在学习上一个事半功倍，一个事倍功半，产生这种反差的原因是什么呢？或许有智力上的因素，但是更主要的是学习方法严重影响了学习的效果。

在这里，我要强调一点，学习方法没有最好之说，只有适合与不适合自己的差别。这个世界上没有包治百病的灵丹妙药，也没有适合任何人的方法。但是，只要我们用心，总能在万千条规律中找到适合自己的方法。找到了这个方法，就能提高自己的学习效率，也能让成功之路便捷不少。

如果你想成功，请尝试跟随我老王走进本书，看看众多的学生是如何找到适合自己的方法、如何轻松迈入名校的。他们的成功或许会给你提供一些方法上的借鉴。同时，我和我的学生关于各科学习方法的介绍，或许也能让你受到启发，从而找对方法，摸准学习和考试的脉搏。一旦你找到方法、沉醉在学习之中，你就会觉得，学习是快乐的，成功并不难，名校的门槛儿并没有那么高。

01

阳光心态　优秀的前提

有位秀才第三次进京赶考，住在一个经常住的店里。考试前两天他做了两个梦：第一个梦是自己在墙上种白菜；第二个梦是下雨天，他戴了斗笠还打伞。这两个梦似乎有些深意。第二天，秀才赶紧去找算命的解梦。

算命的一听，连拍大腿说："你还是回家吧。你想想，高墙上种菜不是'白费劲'吗？戴斗笠打雨伞不是'多此一举'吗？"秀才一听，心灰意冷，回店收拾包袱准备回家。店老板非常奇怪，问："不是明天才考试吗？今天你怎么就回乡了？"秀才如此这般说了一番，店老板乐了，说："哟，我也会解梦的。我倒觉得，你这次一定要留下来。你想想，墙上种菜不是'高种（中）'吗？戴斗笠打雨伞不是说明你这次'有备无患'吗？"秀才一听，觉得更有道理，于是精神振奋地参加了考试，居然中了个探花。

一位哲人曾说过："你的心态就是你真正的主人。"由此可见心态对于人的重要性。一个具有积极心态的人，能成为优秀人才的几率远远大于其他人。

1.发现自己的优点

> » 认清自己并不难
> » 细看看找优点
> » 个性熠熠闪光
> » 巧化缺点为优点

每个人都有弱点和优点，如果一个人着重于自己的弱点，你就会越来越弱；如果一个人着重于自己的优点，你就会越来越坚强和自信。其实，在生活中，我们更多地要学会“优点教育”，不断地发掘自己的优点，让自己变得越来越优秀，这是成功的前提。

世界著名文学家大仲马年轻时到巴黎去寻找机会，想要开创自己的一番事业。然而，到达巴黎后，他发现，自己几乎身无长处，连生存都成问题，更谈不上创立自己的事业。极度沮丧的大仲马在几乎失去信心的时候，遇到了他父亲的一位朋友，这位朋友发现大仲马的字写得非常好。就是这个看似小小的发现，让大仲马重新找回了信心，扬起了事业的风帆。

由此可见，发现自己的优点有多么重要。每个人都有自己的优点和长处，只要我们不断地发掘，身上蕴藏的宝藏就会被发现，梦想就一定能实现。

◆认清自己并不难

世界上最陌生的容貌，其实是自己的脸。面对镜子或照片中的自己，有些人常常会疑惑：这就是自己吗？其实，认清自己真的很简单，全看你是不是有一颗自信的心。

很多实验证明，认清自己其实很简单，有时只需要那么三言两语的点拨，结果就截然不同。

当初在山东沂水一中当数学老师的时候，我就是通过一个偶然的机会，发现了自己的演讲才能。

当时，省里组织了一次演讲比赛，各学校都要选出自己的代表。代表通过比赛的形式选出，我所在的学校也组织了这样的选拔赛。作为数学组的代表，我心里是一点儿底儿都没有。首先我的专业是数学，文学功底相对薄弱，演讲稿自然比不过人家学文的；其次，演讲要求普通话标准，我更是没有优势，咱那普通话，讲得真是很“普通”。所以，知道自己是一配角，也就没把比赛放在心上。

直到工会主席讲了一番话，才刺激得我非要拿下第一名不可。他的话是这样说的：“这次比赛，估计第一名非语文组莫属了。他们的演讲稿写得特别好，而且参加演讲比赛的张老师普通话非常标准。”这番话让我很生气：演讲比赛还没开始，人家就内定了第一名。于是我暗下决心，这第一，我非拿不可！

仔细琢磨之后，我决定从内容上下工夫，让自己的演讲以情动人。经过反复练习、认真准备，最终在比赛那天，我用自己的演讲打动了听众，夺得了校内选拔赛的第一名。随后，我又通过了教育局组织的演讲比赛，一路过关斩将，最终拿到了全省演讲比赛的一等奖。

你看，如果不是被激一下，恐怕我这辈子也不会发现自己的演讲才能。一次小小的比赛，一句简单的话，就让我不断发掘出自己的潜能。可见，发现自己的优点并不难。

在生活中，只有真正清醒地认识了自己，才可能获得人生的成功。

威廉·科贝特年轻的时候，坚信自己拥有写作才华，因而辞去了报社的工作，一头扎进创作中去。在这期间，因为自己的作品得不到认可，他一度感到十分痛苦和绝望。后来，他的一个朋友告诉他："无论你与目标之间有多远，只要你相信自己、认清自己，就能学会轻松地走路。"

此后，威廉·科贝特更加坚定了自己的信心，他用一种轻松的心态进行创作，尽情地享受创作的快乐，最终成为美国一位著名的专栏作家。

◆细看看找优点

一提到优点，有的同学可能会觉得自己身上没有什么优点，似乎自己处处不如别人。其实不然。每个人都有自己的优点，如果你仔细找一找，就会发现，其实自己的优点还是蛮多的。

英国有一个小男孩，因为其长相憨呆，言谈、行事迂阔笨拙，常成为同学们的笑柄。他常常把课堂搅成一锅粥，老师也拿他没办法，认为他身上没有任何优点，更不会有好的发展前途，甚至连他的家人也怀疑他不是弱智就是痴呆。小男孩知道自己身上的缺点很多，但他却发现了自己的一项天赋——他的表演才能无人能及，他表演的滑稽剧常常逗得老师和同学们捧腹大笑。直到有一天，一位著名的喜剧导演发现了他，他的表演让这位导演惊叹不已，导演赞扬男孩是不可多得的喜剧表演天才，还立即邀请男孩和他合作。

这个小男孩就是喜剧电影《憨豆先生》中那个滑稽可爱的憨豆先生的扮演者艾金森。如今，艾金森已经凭借自身的优点成为了世界知名的喜剧表演艺术家。

你瞧，一个人，无论别人怎么看待你，只要你能发现自己的优点，肯定自己，你就可以改变自己的一生。所以我们要学会发现自己身上的优点。

2003年秋天，我带过一个普通班。这个班里有一些学习成绩落后又不太好管的学生，他们被称为“条子生”。这些“条子生”在别人眼里属于差生的行列，导致他们本人也极度缺乏自信。这其中有一个叫丁浩的学生，长得身高体壮，学生们都很反感他。面对这种状况，我认为，首先要找到丁浩的优点，让同学们接受他，也让他自己发现自己的优点，建立自信心。

去军训的途中，我和丁浩在车上聊天，得知他力气很大，还利用自己人高马大的优势，震慑了一些企图抢钱的社会不良青年。于是，我说我喜欢他这种性格，因为他有力气，所以希望今后他能成为班里的保护神，如果班里同学受到外人的欺负，我就会去找他。丁浩连连点头，保证自己会做到让班里的任何一个同学都不被外人欺负。

随后我问他：“这次军训期间有个拔河比赛，以你的块头，一个人顶三个人，能不能保证咱们班得第一？”

他说：“能！”

我又说：“那我任命你为拔河队的队长，但你要负责把这个活动安排好，必须把第一拿下来。”

丁浩一口答应。接着我还要求他在军训期间，负责每天把班里的水桶打满，不能假手别人，他也同意了。

在军训期间，丁浩把对我承诺的两件事都做到了。同时，他本人也发生了很大的变化。他开始越来越尊重老师，也越来越重视自己的名誉了。

之后，我又让他担任班级的纪律委员一职，负责记录违纪者。这样，他在管理好别人的同时，也必须严格要求自己。从那以后，丁浩再没有旷过课，学习成绩也稳步提高。

就是这么简单的几件事，让丁浩的优点都展示了出来：爱护同学、重承诺、能约束自己、能协助老师工作、集体荣誉感强……瞧瞧，这优点还真是不胜枚举。

事实上，每个人身上都有优点，全看你自己是不是会发现。那么我们怎样才能发现自己的优点呢？

现实中，人们更多地关注一个人的缺点，而优点则常常被别人和自己视而不见。因此，要发现自己的优点，首先要对自己有充足的信心。你看，在生活中，能发现自己优点的人，都是充满自信的人。

其次，你要注意观察自己，包括自己的每一个动作、每一句话、每一个微小的细节。也许在不经意间，你就会发现自己身上有一个巨大的优点。比如在学习中，你的逻辑思维能力、想象力、沟通能力、写作能力是否非凡过人？再比如在生活中，你的社交能力、创造力、动手能力、语言表达能力是否无人能及呢？

总之，只要你细心地查找，你就会发现自己身上存在许多优点。然后你就要利用自己的这些优点，增强你的自信，进而改变你的人生。

美国钢铁大王卡耐基，每当他感到失望沮丧的时候，都会玩一个“幸福游戏”：在一张纸上列出自己所有的优点与长处，然后想一想：“如果没有这些优点，我现在会怎么样？”这样一来，他就会觉得眼前的烦恼真的没什么大不了的。

◆个性熠熠闪光

我曾经看到过这样一句话："播下一种思想，收获一种行为；播下一种行为，收获一种习惯；播下一种习惯，收获一种性格；播下一种性格，收获一种命运。"这句话之所以给我留下深刻的印象，是因为它强调了个性对个人发展的重要影响。

毫不夸张地说，这么多年，我带过的学生都非常有个性。可能是因为这些"80后"的孩子都是在一个张扬个性的新环境中成长起来的原因吧！我在《成就精英父母并不难》一书中提到过的学生，像侯晓迪、肖盾等，他们都是一些极富个性的孩子；当年我刚接手人大附中12班时，任远就以一头红发闯入了我的视线。

我之所以喜欢有个性的学生，是因为我发现，越是有个性的人越有才华。你看看在数学史上，牛顿有个性吧？但另一方面，如果个性不能被正确引导，就会毁了一个学生的一生，更谈不上将来走入名校了。

我的学生何煦也是一个个性很强的学生，然而就是他的个性曾让他伤害了老师，也包括我这个班主任在内。有一次，班里周末组织活动，这个活动是要全体同学都参加的。但是何煦却说："周末是我的休息日，学校不能剥夺我的权利。"气人不？不仅如此，他还喜欢跟老师叫板。有一次，历史老师在课上说了这样一句话："中国历史博大精深，一个学生如果不懂中华民族的历史，不懂人文科学，那么他自然科学学得再好，也是有缺憾的。"没想到，何煦站起来了，他说："您是历史老师，钱学森是研究自然科学的，您说您和钱学森比，谁

对社会的贡献更大？”这话把老师气得离开了教室。不仅仅在历史课上，其他课上他也是如此。

后来在我的引导下，何煦自己也意识到，只有把自己的个性向好的方面发展，才能让个性熠熠闪光，从而对自己的人生发挥积极的作用。

虽然我喜欢有个性的学生，但有个前提，有个性的同学要善于引导自己的个性向良好的方向发展，让个性之光闪烁。在12班，我们确立了一个班训，就是“犯其至难，图其至远”。这个班训始终激励着学生，他们让自己的个性得到正确的引导，最终都迈入了名校。

◆**巧化缺点为优点**

每个人都不是十全十美的，身上有优点的同时，也存在着缺点。为了取得进步，我们还要学会化缺点为优点，这是完善自己的重要一步。

我在山东沂水一中担任政教主任的时候，其中一项工作就是管理学校的体育特长生。

我们这里所谓的体育特长生，是在学校里最让老师头痛的一群学生。他们身体素质好，但学习成绩不行，纪律性也差，常常因为讲义气而打架斗殴。这个群体在学校非常有影响力，该怎么管理他们呢？

我想到的办法是将他们的缺点转化为优点，让优点更突出。于是，我把各班的体育特长生召集到一起，说：“特长生就是有特长的学生。你们既然有特长，就要充分利用它们，为班级和学校争光。如果你们能在学校的运动会上为班级和学校争光，就是学校的功臣，那么学校会为此对你们给予奖励。”接着，我宣布了奖励内容：

第一，体育特长生达到国家二级运动员水平的，学校给你和你的体育老师每天补助5毛钱的生活费（可别小看这5毛钱，这在当时还是很值钱的）。

第二，设专属于体育特长生的“三好生”奖，只要学习成绩不在班里倒数5名之内，就有资格评上“三好生”。

第三，为体育特长生统一联系高校。

同时，我还告诉他们，绝不把他们的文化课成绩和一般同学相比。因为高考对他们的文化课成绩要求很低，只要够300分就行了。

这样一来，体育特长生的心理负担减轻了，在其他同学面前不再有自卑感，更主要的是，一般同学也不会瞧不起他们了。

他们在学校的体育活动中，把自己的优点更突出地表现出来，同时把自己好斗的缺点转化到提高文化课和体育成绩上来了。他们自发地形成一个组织，在学校周边定时值勤、站岗、巡逻，保护同学不受社会闲散人员的骚扰。由于这些体育特长生各个虎背熊腰的，那些社会“二流子”对他们是望风而逃。于是这些体育特长生更觉得自己威风，自豪感倍增，也就更愿意多为周围的同学做好事了。

你们看，化缺点为优点其实也不难，重要的是，你应该如何将自己的缺点向优点转化，让这些曾经的缺点成为你的闪光点。

如果要把自己的缺点转化为优点，你首先要分析缺点形成的原因，之后再看有何发展途径。如那些不喜欢学习而喜欢唱歌、跳舞的学生，不妨把唱歌、跳舞作为自己的特长去发展；喜欢打架的同学，不妨发掘一下，看看你是不是更适合学习武术……总之，无论是怎样的缺点，只要找到原因，找到正确的发挥空间，你就可以把缺点转化成为优点。

号称“飞鱼”的奥运游泳冠军菲尔普斯从小患有多动症。在学校的课堂上，他总是坐不住，被同学们戏称为“一只多动的猴子”。然

而，他的这个课堂上的缺点在游泳中却有出色的表现。于是在钱鲍曼教练的指导下，他每天不知疲倦地练习，终有非凡成就，在2008年奥运会上勇夺9枚金牌。

2.看待竞争要正确

» 竞争是一种动力
» 每个人都有竞争力
» 找找自己的获胜点

现代社会中，竞争可谓无处不在。你看啊，国家之间有竞争，企业与企业之间有竞争，人与人之间也有竞争……学习中亦是如此，想一想，是不是每次考试都在暗中和某一个人比高下？是不是几乎每个人心里都有个不服气的对手？

以我自己为例，就是由于我的竞争心理所起的作用，我才为自己的事业奠定了基础。

我在前面提到过，1992年，我在山东沂水做数学老师。那年省里举办演讲比赛，选拔是自下而上进行的。每个学校都以比赛的形式选出学校的代表，来参加省里的比赛，我们学校也不例外。我作为数学组的代表，一开始并不想去竞争，只想做个绿叶陪衬一下人家红花算了。

没想到，有个人的一句话，把我这个既不懂语文、普通话又不标准的数学老师的竞争意识激发出来了。谁呢？我们工会主席。当时他说："这次比赛，估计第一名非语文组莫属了。他们的稿子写得特别好，而且参加演讲比赛的张老师普通话非常标准。"

我当然很不服气：比赛还没进行呢，第一名就给内定了？这也太欺负人了！我还就要去争那第一不可。就这样，带着这种竞争心理，我在中考监考的过程中就反复思考我的演讲稿，最后定位在以情取胜。比赛结果令所有人震惊。我的总分成绩最高，夺下了第一名。

现在回想起来，我仍然要感激竞争。如果没有竞争，我就没有那个机会把自己的演讲潜能发掘出来，也就没有机会参加全省的演讲比赛并夺得一等奖，更不会让我有信心应对今后身边的每一次挑战。

从这个角度看，竞争是不是挺好的？所以我要说，竞争好啊！竞争能让人内在的潜能充分爆发出来。

◆竞争是一种动力

在非洲的原野上生活着狼群和鹿群，这些狼与鹿之间形成了你追我赶的壮观的生存竞争场面。后来，人们为了保护鹿群，就开始大规模地消灭狼。但是，自从原野上的狼都被消灭后，鹿的数量反而越来越少了。经过调查研究，人们才发现，原来，由于有狼的存在，那些鹿就需要不停地奔跑，身体都很强健；但是没了狼，它们逐渐变懒了，结果，鹿群中有了"高血压患者"、"高血脂患者"、"冠心病患者"，进而又导致鹿的生育能力越来越差，繁殖的速度变慢，数量就少了。最后，人们得出结论，只有把"狼医生"给请回来，才能挽救濒临灭绝的鹿群。

我们现在来分析一下，真的是狼能治鹿的病吗？不！其实真正的"医生"是鹿本身，而促使鹿挽救自身的根本动力就是竞争——为生

存而竞争。当狼来到鹿的生活中后，鹿每天睁开眼想的第一件事就是：今天我一定得比昨天跑得还快，不然我的命就没了；狼每天睁开眼想的第一件事就是：今天我一定要跑得更快，这样我才能追上鹿，才能有食物吃，才不会被饿死。

看，就这么简单，正是生存的竞争和压力，使双方都得到了快速发展。一种动物如果没有对手，就会变得死气沉沉，失去生存的动力；同样，一个人如果没有对手，那他就会甘于平庸，养成惰性，最后导致碌碌无为。我们的学习也是如此。

学习的过程不仅仅是获取知识的过程，也是提升竞争能力的过程。在班级中，当你想让自己的名次再向前前进几名时，不知道有多少人要与你竞争，你们会比分数、比名次、比速度、比耐力。我的一个学生曾说："当我由年级前几名的宝座被人挤下去并越来越靠后时，我才知道与世无争的桃花源是不存在的，世界从来都是罗马竞技场，没有竞争意识的人终将一事无成。"

美国短跑名将卡尔·刘易斯在第三届世界田径锦标赛上，以9.88秒的成绩创下了世界男子百米新纪录。当东京国立竞技场上，6万名观众高呼着刘易斯的名字为他欢呼祝贺时，刘易斯却将自己的对手伯勒尔紧紧地抱住。然后，他含着眼泪对记者说："如果没有伯勒尔，没有他的9.90秒，我也许不能跑得这样快，正是他激励了我。"

◆每个人都有竞争力

前面我讲过，每个人都要发现自己的优点，这优点就是我们优于别人的地方，这就是你的核心竞争力。只要能把自己的这种竞争力发扬光大，你就具备了与人竞争的实力，你就有了获胜的能力。

我的学生侯晓迪计算机技术特别高超，我这个老师是望尘莫及啊！他精通编程、盗号、设计病毒等技术，被称为人大附中最有名的网上刀客、校园黑客。他曾利用自己的技术，一口气将100多位老师的邮箱账号和密码“窃取”到手。就是这个学生，凭着自己的计算机水平，申请了《邮件系统安全性研究》课题，经过奋战，最终解决了免费电子邮件系统的安全漏洞问题。

也许在别的方面他人略胜一筹，但在计算机领域，侯晓迪拥有绝对的竞争力。推而广之，我们每个人都有自己的竞争力。像有的同学基础扎实、有的学生反应快、有的同学动手能力强、有的同学作文写得好、有的同学篮球打得棒、有的同学钢琴弹得娴熟……看，这都是他们的竞争力。

有的同学说了：“我各科成绩都平平，没有特别突出的地方，但也想拥有竞争力，怎么办？”我要由衷地夸你一句：你太有竞争力了。为什么？你的这个渴望变优秀的想法就是可怕的竞争力啊！

一个人，最怕的就是你没想法啊！拿我自己来说，也是在某种想法的基础上，我才考上大学，走到今天的。

1978年，我正在读高一。当时，国家刚刚宣布恢复高考制度，而且报考条件比较宽松，不限年龄、学历，什么人都可以报。我们班主任在班里选了前5名的同学，让他们提前参加高考。被老师看中，对学生来说，那是多光荣的事啊！那5个学生是奔走相告，一脸喜色。于是我就被刺激了。

我找到老师，问我能不能也今年参加高考。结果呢，老师看我的那种眼神，让我灰溜溜地离开了他的办公室。但我“贼”心不死，心想：“你们能考，为什么我不能考？我偏要考上大学给你们看看！”

从那之后，我开始一心准备高考，却遇到了重重困难。这里我只说两件，一是当时是高二参加高考，而我只是高一，还有一年的课程没有学；二是我发现自己连初中的内容都不会。当时所有问题都暴露出来，摆在我面前，但是我没有退却，硬是凭着一股劲儿，克服了阻挡自己的种种障碍，找到了适合自己的方法，最终考上了大学，也成为了那次高考我们班唯一考上大学的人。

和我们班排在前5名的同学相比，当时的我是一点儿胜算都没有，但结果我却胜利了，凭的是什么？我的竞争力！我要成功的竞争力！

所以，每个人身上都存在着竞争力，关键看你是如何发挥自己的竞争力的。苹果公司的CEO乔布斯说过："人的一生会在不同时刻画下一个个在当时看来毫无联系的点，但当你回首的时候，会发现有一条线能把这一切点都串联起来。"这条线，就是每个人内心深处的竞争力。

◆找找自己的获胜点

竞争就会有对手，每个人都想成为胜利者，但胜利依靠的是什么呢？我个人认为，依靠的就是自己的获胜点。

诺贝尔物理学奖获得者杨振宁早年读中学时，在班里的成绩谈不上最好，但他在那个时候却发现了自己的长处——物理方面得心应手。于是，他就朝着"物理"方向前进了。报考大学时，他毅然选择了物理系，从此倾尽一生研究物理，最终取得了伟大的成就。

杨振宁的获胜点是什么？就是他的长处——物理。因此，我们每个人的获胜点就是你的长处。因为一个人只有做自己擅长的事情，才会有优势。

曾经有一个初三的学生，她在家长的带领下找到了我。这个女孩子长得很漂亮，唯一的不足是脸上有些青春痘。同时，她的表情不像有些孩子那么开朗，总像是有着淡淡的忧愁。果不其然，一问之下，才得知了原因。

原来，这个孩子初一第一次考试后成绩在班里排名第一。从那之后，她就总担心如果自己考不了第一的话，大家就会笑话她。你说有这种心理怎么能行呢？果然之后的考试中，她的成绩一次比一次差，最后成绩已经滑落到班里第30名了。看到孩子的压力这么大，家长心急如焚，这才带着她找到我。

了解完情况之后，我问她："知道自己的问题出在哪儿吗？"

女孩子摇着头说不知道，于是我就引导她，让她分析一下自己和排名第29位的同学之间的差距。她就分析开了："他的数学不如我，他的英语不如我，他的语文不如我……"分析到最后发现，那个第29名样样不如她。那就奇怪了，她为什么还排在人家后面呢？

我问她："你样样比人家强，但人家怎么还排在你前面？今天你得把原因找到，只要找到原因，你的学习问题就迎刃而解了。"

这个女孩子想了很久，最后明白了：是自己过于紧张了。

我就告诉她："其实吧，论智商、潜能，你一点儿问题都没有。出问题的是你的心态，而这个心态是你获胜的关键点。只要把心态调整好，你的学习绝对没问题。"

就这样，在我的指导下，这个女孩子明确目标，调整心态，最后学习成绩稳步上升。由此可见，获胜点很重要，所以我们就要想办法找对自己的获胜点。如何找到自己的获胜点呢？最关键是要全面地看清自己，发挥自己擅长学科的优势，需要的话，可以培养自己的特长。我建议大家不妨从以下几个方面全面地审视一下自己：

1．我究竟有什么天赋？

2．什么东西我能做得最出色？

3．与周围的同学相比，我的长处、高人一筹的东西是什么？

4．有什么事情特别使我内心激动向往，使我分外有冲动去完成，而且干起来不仅不觉得累，反而感觉其乐无穷？

5．我最明显的缺陷和劣势是什么？

通过这样的反思，可能你就能找到自己的获胜点了，也可能会发现自己的特长。关于特长这一点，在后面的章节我会专门为大家讲解。

3.坚持下去很重要

» 最后的一步很重要
» 远离放弃的机会
» 从他人身上学会坚持

我常常听到一些同学称人大附中的学生是学习的“牲口”。为什么呢？因为就算一些不可思议的题目，拿到这些同学的手中，也会被他们解答出来。他们的秘诀在哪里呢？其实啊，那些羡慕人大附中学生成功的同学，是否看到他们身上的共性是什么？就是坚持。

人大附中的刘朔曾总结优秀生之所以优秀的原因，其中就提到“坚持”的功劳。他说：“要取得好成绩，数理化是做题做出来的，英语是背课文背出来的，语文是多写写出来的。时间是挤出来的，每天1小时就可以做很多事；20分钟，可以背30个英语单词，可以读1～2篇好的散文。我给大家算一个数字，每天背10个单词，加上复习，总共不超过10分钟，3年下来就能记住1万多个，考托福都绰绰有余。”看，刘朔在这里也强调了坚持的重要性。

其实，有些事情你觉得难，其实很简单。只要你坚持下去，积累起来的效果绝对超出你的想象。

曾经有这样一个人，14岁时，她开始在一个小镇卖茶水，本着薄利多销的原则，一杯茶水只卖1毛钱，虽然赚钱不多，但是她每天都快乐地忙碌着；17岁时，原来的同行多嫌卖茶工作繁琐、收入又低，纷纷改行，她没有放弃，而是把茶摊搬到了市里，改卖当地特有的“擂茶”，虽然还是茶水，但挣的钱稍微多了一些，每天依然忙碌着；20岁时，她还在卖茶水，不过，地点由市里搬到了省城，茶摊变成了茶店，生意自然由单纯卖茶水变成了茶水+茶叶；到了24岁，她已经拥有37家茶庄，遍布长沙、西安、深圳、上海等地；30岁时，她把茶庄开到了中国香港和新加坡。

她就是孟乔波，一位靠坚持获得成功的茶商。从她的经历中我们可以领会到坚持的重要性，在我们学习中也同样如此。因为无论你有多么超凡卓越的获胜点，如果不能坚持，那么一切都等同于零。

◆最后的一步很重要

有句话说得好：人生要紧处，关键就在那一步。我要说的是，学习也是如此，能否发生质的飞跃，关键就在于你是否坚持到了最后的一步。

我在沂水一中教过一个叫马建波的学生，他在高二时提前参加了高考，当时提前参加高考的学生不止他一个。由于高二距离高考的时间还比较长，大多数学生都不太紧张，但是马建波不一样。

我们都知道，每年的高考前，正是天气异常炎热的时候，在山东尤其如此。当时沂水一中的条件比较艰苦，学校教室都是平房，教室内连风扇都没有，更谈不上空调了。学生在闷热的教室里学习，不一会儿就都汗流浃背了。但平房外有一片树荫，为学生提供了阴凉，于是马建波就坐在树荫下看书。当时我就发现，他不只是一时兴起在树下学习一两天，而是每天如此，持之以恒地学习，直到到高考那一天。我很欣赏他那种学习劲头，而且相信，他高考一定会取得成功。

事实也的确如此。就在当年，这个高二的学生和众多高三学生一起参加高考，竟然名列全县第10名。他以优异的成绩被国防科技大学录取，后来又考取了清华大学的研究生，最后成为了美国一所学校的教授。

当时也有其他提前参加高考的高二学生，他们也像马建波一样努力学习，但胜利的只有坚持到最后的马建波。他在高考前表现出来的那种拼劲、那种持之以恒，注定他会成功。他用实际行动证明了坚持就是胜利。

新生开学第一天，老师对所有学生说："今天只学一件最容易的事情，每人把胳膊尽量往前甩，然后再尽量往后甩，每天做300下。"一个月之后，老师调查了一下，能把这件事情坚持下来的学生有90%。又过了一个月，老师再调查这件事的完成情况，结果发现只有80%的学生还在坚持。一年以后，老师问大家："每天还坚持甩300下手的同学，请举手！"整个教室里，只有一个人举起了手。

这个坚持到了最后的人就是柏拉图，他后来成为了世界上伟大的哲学家。

◆远离放弃的机会

人这一辈子，有时改变自己命运的机会就在那一瞬间。是坚持还是放弃，这是个问题。如果经不住考验，选择错误，可能一生就只能庸庸碌碌了。所以在为成功而努力过程中，千万不要给自己放弃的机会。

1989年，我教过一个叫包木太的学生，他就是在关键时刻坚持下去，没有给自己放弃的机会，最终实现了自己的理想。

坦率地说，包木太智力一般，但这个学生非常懂事，为人朴实，而且特别顽强。高三那年，他的学习已经非常吃力，给我的感觉是他每天都特别累，似乎随时就要垮掉一样。其实这样学习状态是一种危险的信号，一个学生如果学得异常辛苦，十之八九是他的学习方法出现了问题。但此时距离高考已经不远了，在这个关键时刻，如果我再让他改变学习方法，难免会打乱他的学习进程。我别无他法，只能不断地给他打气、鼓励他，而他自己更是以惊人的毅力坚持了下来。

在那个年代，高考升学率还不到30%，包木太最终考取了一所专科院校，在当时看来，应该也算得上相当不错的成绩了。但这个成绩与我们所目睹的包木太的付出，太不成正比了。在他家吃谢师宴的时候，我发现包木太房间的墙上贴满了励志的话语，都是当初我用来鼓励他的。这个包木太竟然把这些话都默默地记了下来，以此来激励自己，并在这种思想的激励下，坚持不懈，永不放弃，最终获得个不大不小的成功。

正如他自己所说："虽然我只考上了专科，但总算是挺过来了，成

功了。这一关我都闯过了，以后还会有什么困难能把我打倒？我无怨无悔，永远都不会放弃。”就是凭着在最艰难的时刻也不给自己任何放弃的机会的这个劲头，之后包木太专升本、本考硕，最后拿到了博士学位，成为中国海洋大学的一位教授。

所以我要说，即是遇到再多的困难，也不要给自己放弃的机会，这是坚持到底最关键的地方。也许就在你给自己留下那一丝放弃的机会的同时，成功就和你失之交臂了。

秦朝末年，秦派兵攻打复国后的赵国，赵军不敌，退守巨鹿被秦军包围。项梁、项羽叔侄奉楚怀王之命，率领起义军，渡河去解救秦军对巨鹿的包围。派出的先头部队取得小胜，随后项羽令全军渡河救援赵军。在全军渡河之后，项羽一声令下，手下将士便把所有的船只凿沉，煮饭的锅都打破，营房全部烧掉，而且每个人只准携带三天的干粮，然后向秦军发起进攻。

项羽率军到达巨鹿外围后，立即包围了秦军，经过九天激战，最终取得了巨鹿之战的胜利。

试想一下，如果项羽在最后的关头，没有破釜沉舟的决绝，而是给自己和部下留下一条退路，可能全体将士，甚至包括项羽本人都不一定有决一死战的决心，也就不会有最后的胜利了。

◆从他人身上学会坚持

孔子说过：“学无老少，达者为先。”在学习的过程中，我们也要具备这种精神。我们要善于从那些坚持到底的同学身上，学到坚持；从那些成功者的身上，学到坚持。

我女儿在高二的一次期末数学考试中失利，之后一直很沮丧。她从初中升入高中后，数学成绩逐步由低到高，正处于“坚持一步，以后更好”的关键处。如果这次考试受挫影响她的情绪，甚至影响她学习数学的积极性，那就得不偿失了。我及时发现了她的这种状态，但当时并没说什么，而是想找个合适的机会和她聊一聊，但这个谈话的机会真不好找。

我这个女儿从小喜好文学，算得上是诗词歌赋，样样精通。如果放在过去，那就是一才女。于是我就打算从她喜欢的诗词入手。正好那天吃完晚饭，我们一起看两人都喜欢的电视剧《长征》。这部电视剧讲的是长征的路上，毛泽东在身处困境时如何指挥若定，最终带领红军胜利完成二万五千里长征的故事。

看完电视剧，我问了女儿一个问题：“咦，毛泽东的《长征》那首诗不错，我记不起来了，你还记得不？”

一问到她的强项，她就来精神了。于是她从头到尾给我把《长征》背了一遍，听完后我一边鼓掌一边夸她：“真是声情并茂。”

女儿背完后，又听到我的称赞，真是一脸的得意，我乘机引导她去认识毛泽东坚持不懈的精神。等我们聊完后，女儿感叹地说：“老爸，你太狡猾了，想教训我还要转这么大的一个弯儿。”

这件事之后，我的女儿重新振作，坚持了下去，并直到最后考入北大。所以有的时候，如果你觉得自己无法再坚持下去，不妨看一看别人是怎样坚持的。当然，这“别人”是指除自身之外的其他任何人，不管他是身边的同学还是师长，不管他是寻常人物还是建功立业的伟人，都可以成为我们学习的榜样。

华人富豪李嘉诚成功的秘诀就是坚持。当年，李嘉诚一家为了生存避难到了香港。他一边挣钱养家，一边拼命地自学。在三年的时间

里，他不断提升自己的能力，从一开始在一家小铺子里做学徒，再到进入一家五金制造厂上班。就在这里，他坚持学习的态度得到了认可和回报。多年后，没有学历、人脉、资金的李嘉诚，凭借着自己多年积累的经验和知识出人头地，成为了长江实业集团有限公司的董事局主席兼总经理，也成为了福布斯排行榜上的华人首富。

4.成绩起伏也坦然

> » 成绩起伏很正常
> » 起伏背后应有因
> » 内外结合，让成绩的K线走高

我有个学生叫朱并，这个学生比较聪明，基础也扎实，就是有个弱点。什么弱点？容易骄傲。高一的一次期中考试中，朱并以绝对的优势夺得班级第一名。他那个美啊！从此之后，这家伙就目中无人了，成天自我陶醉。人一旦骄傲，脑子就容易发晕，学习成绩自然会给他回应。到期末考试的时候，朱并一下子滑落到年级100名之后，他彻底傻眼了。不过，朱并的优点在于善于自我反省，没等我找他谈话，他自己就认识到原因了。于是他就在黑板上写下了自创的一首“诗”：“分有高低优劣，人有成王败寇，此事古难全。”

抛开别的不提，单就朱并面对成绩起伏时的这种心态，我个人比较欣赏，也比较赞成。我一直坚信，成绩有起伏是正常现象，就像股票一样，有涨就有跌，只要在起伏一段时间后能持续走高就行了。

如果在成绩的起伏面前不能保持良好的心态，就不能查找起伏的原因、找到问题的所在，那么成绩起起伏伏甚至一直不停地探底、持续熊市就都是正常的了。

◆成绩起伏很正常

这个世界没有长胜将军，学习成绩出现起伏也是很正常的。你们想一想，如果第一名的位置总被同一个人霸占着，那别人怎么办？第一的宝座只有一个，谁都想坐，那就只能你争我抢了。所以，今天你第一、明天他第一，这是正常现象。

高三时的学习成绩高低应该是最让人关注也最让人担心的，其实说实话，那个时候成绩反而更容易出现起伏，我女儿就经历过这样的情况。

当时是高三上学期，期末考试成绩公布后，我女儿苦着一张脸回到了家。我一看就知道是成绩出了问题，但只是不动声色地问她：“怎么了？”

她说：“我这次数学没考好。”脸上全是绝望的表情。

为了让她轻松些，我就打趣地说：“告诉我分数吧，我保证不跳楼。”

她问我：“你真想知道？”

我非常坚决地点点头。于是女儿告诉我，考了108分。你们也知道，高考数学满分是150分，高三的试题总分就是按照高考题的总分设置的。她这个成绩，应该说考得相当不怎么样。

尽管我心里也很难受，觉得北大好像离我们远了些，不过，我觉得，现在恢复良好的心态比查找原因解决问题更重要。所以，我就问

她："你觉得，假如正常发挥，你能考多少分？"

女儿很自信地说："考130分左右没问题。"

我马上恭喜她说："祝贺你，这次考得这么好。"

我这话把她说愣了，她怀疑地说："老爸，你是不是有病啊？我考这么差，你还祝贺我。"

于是我给她解释说，这次考试虽然成绩不理想，但正因为这样才暴露出学习中的问题，才能有机会让自己去查找原因，利用即将到来的假期把存在的问题解决掉，不给高考留隐患。如果这次考试成绩很棒，就会自我感觉良好，可能存在的问题就难以被发现，那么这个原本可以用来查漏补缺假期就会被浪费掉，而那些遗留问题将最终在关键的考试中影响自己的成绩，甚至影响自己的一生。

我的话让女儿意识到这次考试成绩的起伏是对自己的一个警醒，也给自己一个很好的完善的机会，所以她高高兴兴地接受了考试结果，并发誓一定要充分利用假期，把自己的数学学好。在苦拼了一个寒假之后，开学以后的第一次数学测验中，她一下跨入全班前10名。

正是这种在成绩面前的轻松心态和及时查找问题的解决办法的行动，最终回报给她的是高考数学147分的好成绩。

学习的过程就如同一个丰富人生的过程。成绩高自然高兴，成绩低也不必气馁。高分有高分的快乐，低分有低分的锻炼。考好了，我们这样想：不错，我进步了，前段时间的方法很正确，精力也没有白费；考差了，我们要这样想：嗯，幸亏考差了，不然我竟然发现不了自己在这个知识点上的疏漏。于是，你下一步的目标更明确了，你的步伐走得更踏实了。

有这样一个故事，说的是两个秀才一起赶考，路上遇到了一支抬着棺材的出殡队伍。秀才甲心想：真触霉头，赶考的日子居然碰到了这个倒霉的棺材，这回肯定考不上了。结果考试时，他总想着这件事，最终果然名落孙山。秀才乙刚看到出殡的队伍时，心里也挺不舒服，但随后他转念一想：棺材、官财，那不是有“官”又有“财”吗？今年我一定能高中。于是，考场上他下笔如有神助，最终一举高中。

回到家里，两人都对家人说：那口“棺材”真的好灵！其实是心态不一样，成绩自然不一样啊！

◆起伏背后应有因

从学习上来说，如果某一次考试考差了，也不见得是什么坏事。你仔细想想，考试考砸了，正是把自己学习上最直接的弱点暴露出来了。只要在问题暴露出来后，我们想办法及时解决，将来也就多了一分提高、多了一分轻松。

就像前面讲到的我女儿在高三上学期的数学考试一样，成绩把问题暴露出来后，在我的指导下，她对那次考试的试卷进行了认真地分析，查找问题产生的原因。同时，我也利用假期出差的机会，分析了她的试卷，然后针对她试卷上出现的问题问她一些题目，引导她自己发现问题所在。她利用假期，把这些问题反映出来的自己知识上的薄弱点和不足之处，通过练习的方式加以弥补，最终成绩果然提高了上来。

其实，每次的成绩起伏，都是用一种间接的方式提醒我们，自己在学习上获得的成功和存在的问题。当成绩好时，可能就反映出近段时间的个人状态和知识点的掌握都比较好；当成绩不好时，可能就反映出近段时间的个人状态和知识点的掌握存在问题，那就想办法解决

问题吧。

在我看来，造成一个学生成绩起伏的原因无外乎两种，一是存在知识点上的问题，我女儿就是这种情况；二是存在心理上的问题。前者我在这里就不多说了，无非是在发现问题后及时解决，不要让知识的漏洞越来越大；在这里，我重点谈一下后者。

对于一个用心学习的学生来说，如果成绩出现起伏，真正存在实质上的知识点问题的情况并不会很多，多是心理上出了问题，而在面对这些问题时是一种什么样的心理，可能会决定自己今后成绩的高低。

我的学生张亦楠当初是被保送到清华大学的，后来又进入美国哈佛大学读博士。张亦楠就是一个心态特别好的学生。他把考试当做检查自己学习的一种手段，每次考试，不管成绩怎样，他都会查找原因，不断分析调整，不断进步。他在一篇《感谢模拟考试》的文章中，写出了他面对考试成绩起伏时的心态：

我爱模拟考试。模拟考试没有压力，因为它不直接关系我的未来前途；模拟考试又有压力，因为它是正规的考试，而我看重每一次考试。正是这种不紧不松的氛围让我达到最佳状态。模拟考试时，我总能发现题目中的“陷阱”，那个时刻的喜悦即使在分数下来以后，仍让我回味无穷。

我爱模拟考试。模拟考试后与其他同学比分，较量个高低，是高三必不可少的项目。如果能够“一览众山小”，我会高兴两三天；若是不幸在班级“泯然众人矣”，我也会花一个晚上面壁思过。

正像张亦楠在文中所说的那样，胜了，高兴两三天就行了；败了，面壁思过。这才是在成绩面前的正确态度。反之，那些总是纠结于考试成绩高低的同学，会形成一种怕输的心理，而越是怕输，反而会导致自己一输再输。

2010年中国女足征战亚洲杯时，我看了首场比赛。出场时，中国队员神情平静，但都不讲话，连平时爱说爱笑的小马君也是一脸严肃，面对媒体时仅是点头致意；而韩国队员则是有说有笑，明显轻松许多。当时我就想："坏了！中国队危险了。"

果然，在比赛的进程中，中国队表现得比较谨慎，而韩国队却大举进攻。到了下半场，中国队"想赢怕输"的心理束缚了自己的发挥，使得韩国队连续获得两次禁区前罚任意球的机会，最终双方战平。

所以，面对成绩，要有一种不怕输的心理，辩证地看待成绩的起伏。因为在学习上没有"长胜将军"，只要及时发现自己的问题，调控好自己的心态，自然就能多打胜仗。

◆内外结合，让成绩的K线走高

如何让自己的成绩在起伏中走高呢？不二法门就是内外结合。所谓内，指自己的心态，在成绩面前要有一种"胜败乃兵家常事"的心态；所谓外，是指要找到问题的原因，从根本上解决问题。只有两者结合，我们成绩的K线才能走高。

在我所教的班级，曾经发现这样一个学生，她数学成绩很差，但总成绩在班级排名并不低。这激起了我这个数学老师的好奇心，不由地想，是什么原因造成她数学成绩这么差呢？

为了了解情况，有一天，我找她谈话，开口就问她："我是不是该向你检讨啊？"这话把她问愣了。

我解释道："你看，你其他学科都那么好，只有数学相对来说差一些，所以，我这个数学老师责无旁贷，我得检讨。"

没想到，我这话一说完，这个女学生的眼泪就流下来了。原来，在小学三年级之前，她的数学成绩很优秀，而且她还是数学课代表。有一次，她和其他几名同学一起参加区里的奥数选拔赛考试，结果她却是唯一没有入围的。她心理上过不了那个坎儿，而且之后总觉得同学们在对她冷嘲热讽，数学成绩逐渐就下来了。

从那以后，她的学习内容中，数学被排在了最后，每天学完其他学科之后的剩余时间才用来学数学。即便是这样，她仍然考上了人大附中，想着就这样读完高中算了。

听了她的叙述，我认为，她的数学成绩差，就是内外都出了问题的原因。随后我针对刚刚结束的考试问她在班里的排名。

她回答说："第17名。"

我一听，连连称赞她："你太厉害了！你的数学考了全班倒数第一，总分竟然排在第17名。我认为你是咱们班同学的一个可怕的对手啊！你想，如果你把数学成绩提高了，你得多厉害。"

接着，针对她对数学考试缺乏信心的状况，我要求她在接下来的数学测验中考个及格。她看我对她信心十足，自己也就有了些信心。

第二天数学测验后，我在批卷子时，发现她考了58分。我把她的分数提到62分，然后在试卷上写了这样一句话："我高兴地看到，你终于迈出了走向辉煌的第一步。"第二天，试卷发下去了，那个女学生看完之后，趴在课桌上哭了。

从那之后，她首先在心理上调整了过来。接下来，她在数学上就开始查漏补缺了。遇到不会的问题，她就自己查找原因，确实攻克不了的就来问我。在她的学习计划中，数学再也不是处于最后地位，而是有计划地安排在整个学习计划之中。就这样，她的数学成绩走出了低谷，最终在那个学期的期末考试中考到了80多分。最后，这个学生高中毕业后去了英国留学。

你看，只要让内因和外因一同发挥作用，成绩的提高就是顺理成章了。我们不必为成绩的起伏伤神，要知道，在学习中，无论任何时候出现成绩的起伏都不可怕，重要的是必须有一个良好的心态。因为良好的心态能改变你对待事情的态度，也能帮助你发现问题、解决问题，最终取得满意的成绩。

艾森豪威尔是美国第34任总统，他外表憨厚、笑容可掬、和蔼可亲，尤其是拥有一个良好的心态。第二次世界大战期间，他到前线视察，并对官兵们发表演说，以鼓舞士气。不巧下雨路滑，他讲完话要离去时摔了一跤，引得官兵哄堂大笑。身旁的部队指挥官赶紧扶起他，并为官兵无礼的哄笑郑重地向他致歉。艾森豪威尔对指挥官悄声说：“没关系，我相信这一跤比刚刚所讲的话更能鼓舞士气。”也许正是因为他这种良好的心态，才使得他拥有众多的支持者和拥戴者吧！

02 学会规划 设定自己的目标

什么是规划？就是比较长远的全面发展的计划。说得通俗些，就是一个人的人生目标、人生梦想。一个人有了明确的奋斗目标，也就产生了前进的动力；反之，一个没有目标的人，就如同一艘没有舵的船，永远漂泊不定，只会到达失望和丧气的海滩。因而目标不仅是奋斗的方向，更是一种对自己的鞭策。有了目标，就有了热情、有了积极性、有了使命感和成就感。

因此，下面就让我来引导大家，看清自己，规划自己的人生，为自己的人生设定目标。

1.发现学业上的长处

» 整体考虑，看长处
» 点面结合，变短为长

设定人生目标的第一步，我认为，从目前来看，最重要的是发现自己学业上的长处和短处，把长短结合起来，使自己如虎添翼，更好地向目标前进。

“尺有所短，寸有所长。”在学习上也是如此。每个人都不是全才，势必在学业上有自己擅长和不擅长的。抓住自己擅长的，使其发扬光大；弥补自己的不足，使自己均衡发展，变不利为有利。这是迈向目标的第一步，也是我们人生规划的第一步。

◆整体考虑，看长处

一个人想成功，要善于发现自己的长处并经营它。我们身边有许多优秀的学生，他们当中无论哪个人的成绩，拿出来都是那么过硬，不管是单科成绩还是总分，都让许多人羡慕和佩服不已。这样的同学，在成功的天平上，砝码已经够重了，但我却主张让这样的同学能继续抓住自己的长处去制订目标。

我之所以这么认为，是从一个人的人生规划着眼，是从一个人的长远个人发展来看的。而且，我这种主张的正确性，在我的许多学生身上都得到了验证。

我的学生侯晓迪是一个创新能力特别强的孩子，他本来有极强的优势可以被保送去清华、北大的，但这个孩子一门心思地搞科技创新，所以他不断地参加科技制作竞赛，甚至在SK状元榜的比赛中，和同伴一起夺得了亚军。其实，他们本来可以高居冠军的，就因为一个小小的失误屈居第二。

我想强调的是，就是这样一个学生，虽然有聪明的头脑和丰富的操作能力，擅长课题攻关，但他的知识储备是不全面的，因此，他并不适合中国的考试制度。但这是不是意味着侯晓迪的人生目标就此结束了呢？不！在连续失去被保送上清华、北大以及出国留学的机会后，侯晓迪最终进入了上海交通大学，这也是国内的一流名校。在大学毕业后，他得到了三所世界名牌大学的硕士录取通知书。

所以，在设定自己的人生目标时，要整体考虑自己的综合情况，不要因为身上的一点儿缺陷就一棒子把自己打死，陷自己于万劫不复的地步。不妨多看一看自己的长处，你会发现，其实你的人生可以很精彩。

2003年，美国著名电影演员阿诺德·施瓦辛格退出了影坛，走上从政之路，并成功地竞选成为美国加州州长。他的一生，可以说是善于规划的一生。

早在四十多年前，还是一个穷小子的施瓦辛格就立志长大后要做美国总统。为此，他拟订了一系列的连锁目标。按照他的思路，他开始朝着自己的人生目标前进。他先是凭着健美先生的成就在22岁时踏入了好莱坞，接着又用10年时间在演艺界声名鹊起，然后与相恋九年

的女友、肯尼迪总统的侄女终成眷属，最终在57岁时成为州长，实现了自己由目标驱动的一生。

◆点面结合，变短为长

我曾经帮助我的很多学生设计过人生规划，其中不少都是要求他们抓住长处、弥补短处。就是这种点面结合的方法，让学生的短处变成长处，最终巧妙设定自己的人生目标。

有一个沈阳的男孩，在上小学的时候就特别喜欢音乐、舞蹈，根本不喜欢学习。他的父母对此又生气又着急，但父母的反对和生气并没有阻止这个孩子对音乐和舞蹈的热爱。

见到他之后，我问他喜欢什么样的音乐？一提到音乐，他的眼睛就亮了起来。他回答我："我特别喜欢那种节奏和旋律特别强的音乐，有时候听着就想跳舞。"

你别说，这个小孩的体型挺好，人长得也很帅。我又问他是不是练过舞蹈，他说在三年级的时候报过一个舞蹈班，还说他会跳桑巴舞。说着，他给我扭了几下，还挺有那味道的。

鉴于这种情况，我向他的父母建议，能不能让孩子发挥自己的特长，去报个舞蹈班，好好学一学舞蹈，说不定，将来他能在舞蹈领域有所成就；另一方面，我知道练舞蹈需要吃苦，不是一般的孩子能坚持下来的，通过练舞蹈，可以锻炼这个孩子的毅力，也许在这个过程中，他可以改变自己。

就这样，这个孩子开始了他的舞蹈学习。一直到中考的时候，他的舞蹈跳得越来越好，最后以特长生的身份被招进重点高中。

在高中期间，他又在北京舞蹈学院学习了一个假期，技术有了很大的提高。我看差不多了，就引导他设定自己的人生目标。我知道，如果单纯地比学习成绩，恐怕他比不过别人，但如果比舞蹈特长，那他就有绝对的优势。

在我的建议下，他把靠特长考进北大作为自己的目标。他自己也明白，光凭特长还不够，高考文化课成绩也是一方面。所以，他在拼命地练习舞蹈的同时，对学习也不敢有丝毫懈怠，最终，他以特长生的身份被北京科技大学录取。

单从学习成绩上看，舞蹈影响了他的学习，可以说他的这个短处相当严重，几乎可以断送他的前程。但当他把舞蹈变成他的特长，就把自己的短处转化成了长处，他在人生的竞争中就多了几分胜算，让自己的人生目标变得触手可及了。

所以，聪明的学生不应该抱怨自己的学习成绩不如人，而应该找到自己学习成绩差的原因，及时补救，使自己的成绩得到提高；同时，不要小看自己的短处，也许在别人眼里的短处，经过某种调整，就可以化为自己的长处，让自己多一个取胜的条件。

美国演员史泰龙就是一个善于化短处为长处的人。史泰龙小时候，因为手术伤害了面部神经，使他笑起来面部肌肉会痉挛，样子特别难看，而且还造成了他说话发音不清楚。这样的条件对于一个演员来说实在够差的了。但史泰龙没有消极，他充分利用这些短处，专门演那些话语不多、表情冷酷但意志坚强的冷派人物，反而成为驰名影坛的巨星。

乒乓球比赛中最讲究长与短的结合，因为这种变化的发球技术能让对手摸不准自己的脉，从而战胜对手。其实在我们设定人生目标时，不妨也把长与短结合起来，这样能让自己的成功更容易些。

2.设定自己的长短期目标

» 有目标才有动力
» 跳一跳，摘桃子
» 小目标汇成大前程

现在我要问大家一个问题：我们学习的最直接的目标是什么？没错，就是高考考上一所理想的大学。但这个目标我们现在能直接实现吗？显然是不可能的，不管你现在是上高中还是初中、小学。为什么？因为我们现在要面对的可能是明天的一场测验、一个月后的期中或期末考试等，而不是直接面对考大学。因此，考上理想的大学是我们的长期目标，明天的测验考多少分、下个月的考试排在什么名次，可能就是我们的短期目标了。这两者之间是什么关系？是大集合与小集合的关系啊！正是无数个短期目标，最终汇成了我们的长期目标。

所以，为了更好地实现我们的长期目标，就要把长期目标分解成阶段性的短期目标。在不断实现小目标的过程中，最终一步一步地实现自己的长期目标。

马拉松的比赛中，虽然所有人的最终目标都是终点，但是在过程中，许多运动员都会给自己设定短期目标。比赛之前，他们会把路程全部看一遍，然后设立分段目标。比如说，5公里的地方有一棵松树，那么这棵松树就是自己第一个目标；第二个目标是在10公里处的一间小房子；第三个目标是在15公里处的一块大石头，以此类推，越设越远。当远动员跑完第一个目标时，他就会在心里告诉自己要攻下第二个目标了，当第二个目标完成后，他又在想该攻下第三个目标了。因为每一段目标路程都很短，跑起来很轻松，这样的话，他很容易就能跑完全程。可是，如果目标太遥远，人心理上就会有一种恐惧，觉得路途太长了，什么时候才能跑完呢？于是奔跑的动力越来越弱，很难坚持到最后。

学习就如同一场马拉松，我们在设定长期目标的同时，要学会把目标分解成一个个阶段性目标来实现。

◆有目标才有动力

“没有目标，哪来的劲头？”这是车尔尼雪夫斯基的一句名言，它强调了目标的重要性。目标是一个人期望达到的目的地，是一个人努力想要实现的结果。那么目标与动力之间有何联系？打个比方，如果实现目标的过程是一段路，这段路的中途便是动力，而起点是制订目标，终点就是达成目标。所有最终获得成功的人都经历过这段历程。

许多同学都视篮球明星姚明为偶像，促使姚明走上篮球之路的动力是什么呢？是渴望能拥有一双适合自己穿的鞋子。原来，姚明小的时候，个子就已经很高了，自然，他的脚也长得特别大。有时候，父母为了给他买一双合脚的鞋子，几乎要跑遍整条街，还可能买不到。鞋子成了姚明的一大心病，每次买不到合脚鞋子，姚明就很难过。后

来，他听别人说，只要进入NBA就有订做鞋子的“特权”。于是他定下了自己的目标——进NBA——以后就不必为鞋子而烦恼了。

依靠这种“不再为鞋子而苦恼”的动力，姚明开始了自己实现目标的征程，并最终获得成功。是什么赐予了他动力呢？是目标，是对于目标的渴望。可见，动力确实来源于目标，目标的高低，决定了“路”的长度，也决定了需要动力的多少。

学习的过程也是如此。你只有设定了学习目标，才能为实现自己的目标而不断努力，而努力的动力就来自于你对实现目标的期望。这在我的学生身上也是得到了验证的。

当年我在沂水一中当老师的时候，就曾经教过这样一个学生，他就是在实现目标的动力的驱使下，最终获得成功的。

这个学生来自农村，父母都是面朝黄土背朝天的农民。他原来在一个乡镇中学读高中，后来因为学校条件太差，先是老师纷纷调离，接着是学生转学的转学、退学的退学。在学习气氛一天不如一天的情况下，他也退学回家帮父母种田去了。但是面对家中的贫困境况和父母生活的艰辛，他觉得长此下去，自己和家庭都不会有出路，于是他想回到学校，想通过考大学来改变家中的环境。于是，他骑着自行车来到我所在的沂水一中，并且还挺聪明地打听到了高三最厉害的班主任，就是本人。于是他直接敲开我家的门，自报家门后表示要上高中、考大学。

我当时觉得，他的学习成绩那么差，中间还退学一段时间，怎么可能跟得上呢？于是我委婉地拒绝他，说我没有权力安排学生，没法儿答应他。一听我这么说，他就哭了，边哭边说自己是骑自行车赶了50多里路才找到我的，而且还要给我跪下。我心里受到强烈的震动，试想，一个农村孩子，为了上学都做到这个程度了，我再拒绝他，良心上怎么能过得去！于是我对他说："我可以把你插到我们班，让你在这个班待到期中考试。如果期中考试你考不到班级前60名，我就没办法再收留你了。"他也一口答应下来。

从此之后，在"80人中进入前60名"的目标的驱动下，他把自己的生活设定在宿舍与教室之间，称得上是起早贪黑。期中考试的时候，他虽然只考了第62名，但相比原来的倒数第一，也是一个飞跃。于是，我又给他一次机会。他继续发扬自己的学习劲头，一头扎到学习中去，结果到了期末考试，你们猜他考得怎么样？他的名次排班级第38名。

这之后，他不断地调整自己的目标，从考上中专，到考上大专，最后到考上本科。高考时，他虽然因为特殊原因没能考上清华，但的确实现了他的目标——考上本科。现在他是美国一位著名的学者。

看，目标的动力就是这么大。只要你有明确的目标，就有了为之奋斗的动力，而目标的实现就指日可待了。

◆跳一跳，摘桃子

前面我们说了目标的重要性，那么如何设定自己的学习目标，才能使目标的实现最有效呢？在这一点上，我始终奉行"跳一跳，摘桃子"的观点。这话怎么讲？就是说设定的目标既不能轻而易举就能达到，也不能远远超出自己的实际能力范围。就像我们去果园摘桃子，有的桃子结得高，有的桃子结得低，长得好的往往在高处，那些触手可及的通常不是已经被人摘走了，就是只剩下不好的了。想要摘到好桃子，怎么办？你就要跳起来去摘那些高处的。但这个"跳"是有讲

究的，有的桃子即使你跳起来都碰不到，那就算了，否则几次下来你吃桃子的欲望就没了。确定学习目标也是这样。

要设定适合自己的学习目标，前提是必须充分考虑自身的实际情况，将目标建立在综合分析的基础上。有些同学在设定自己的目标时缺乏深刻思考，总是拿“他人”的标准来衡量自己，结果制订出来的目标很难达到甚至几乎根本无法达到。这样周而复始，自己就陷入了自卑的沼泽里，认为自己不如别人、没法和别人比。其实这就是设定目标时没有考虑到自己的整体情况所致。

除了分析自己的实际情况，设定目标的时候，还要注意这个目标必须具体可行，而不能是一座空中楼阁。举个例子来说，如果你的目标是在下次考试时数学考得好些，那你就要把这个“好些”具体化，如具体到多少分范围内、具体到要超越哪个同学，这样的目标才是具体的、明确的。

有人曾做过一项的实验，把一队个子相当的人分成两组跳高，其中一组的跳杆上标有高度，另一组则没有。然后他对跳杆上没有标高度的那组人说：“你们可以跳得很高。”而对另一组则有具体的高度要求，如下一高度要跳过1.65米、1.70米。结果，有具体高度要求的那组普遍都比没有具体要求的那组跳得高。所以，大家要记住，我们的目标要尽可能的具体化，然后把我们的能量集中到这个具体的目标上。就像我们在物理课上所学到的，当我们拿放大镜对准一大片纸的时候，阳光是不能把纸点燃的，而想要有足够的“能量”去点燃“目标”，那就必须把“目标”具体到一个点上，将“能量”聚集在这个固定的点上。

当然，设定的目标实现起来还要有一定的难度，这就是我要强调

"跳一跳"的原因。你想，如果总是不费吹灰之力就能达到目标，时间一长，人就会飘飘然，自以为了不得，实际上并非如此。当然，这个难度也要根据个人的实际情况而定。

我曾经应一位家长的请求，和他的孩子——一个人大附中高二的学生谈过话，在谈话过程中，我就要求他设立自己的阶段性目标，而确立目标的依据是什么呢？

这个学生之所以被父母带着来找我，是因为父母认为他期末考试成绩太差，希望我能帮助他提高。见到这个学生，我就问他期末考试考得怎么样。

他告诉我，和期中考试相比，他在班里的排名提高了两个名次。然后我就和他聊起了他的具体情况，根据他的情况，我认为，只要他在假期用心学习，到开学之后，成绩再提高两个名次不会有问题。

听了我的分析，他显得信心十足。接着我就帮他制订了具体的学习计划，告诉他在整个假期应该怎么去学习、如何有针对性地去练习。结果，在开学后第一次考试中，他在班里的排名提高了三个名次，之后成绩的提高可谓势不可挡，最后高考时以优异的成绩被北大录取。

由此可以看出，你设定的目标既要适合自己，又要比自己的正常水平稍微高一些。这样在"跳一跳，摘桃子"的过程中，你的能力就会得到提升，目标自然就可以实现了。

◆小目标汇成大前程

我教过的学生黄爽被同学们称为"考试机器"，为什么呢？因为在高中三年的六个学期中，不管是期中考试还是期末考试，乃至高三的

所有模拟考试，他的成绩始终排在年级前10名，并且有7次是第一。而且，他还连续两年荣获全国高中数学联赛一等奖。

厉害吧？更厉害的是，在高中的三年中，黄爽还承担着班里学习委员的职务，而且担任过多个学科的课代表，为班级的建设贡献了自己的力量。一个人的精力是有限的，黄爽能在为班级服务的同时，又能让自己的学习获得成功，他是怎么做到的呢？

用黄爽自己的话来回答就是：制订适合自己的阶段性目标是他获胜的法宝。其实，早在高一上半年，他就开始着手制订自己的学习计划。他把“取得高考成功”这个大目标细分为六个阶段性目标：

第一阶段是高二下半学期，在这半学期中，他的目标是把高考模拟题38套卷做完，让自己比别人先行一步，做到笨鸟先飞。

第二个阶段是高三之初，也就是8～10月。这段时间是竞赛的旺季，他的目标是为了争取保送，或者至少获得加分，要在数、理、化三科同时作战，期望获得进入清华、北大的入场券。

第三个阶段是高三寒假，他的目标是精读课本，仔细研究每一句可能成为考试内容的话，勤练内功，把基础夯实。

第四阶段是高三下学期开始，目标是深入复习各科，反复研读各知识点，力争做到熟栏而流的程度。

第五阶段是高三下半学期，即4～5月份，这期间的目标是做高考模拟题，积累大量的解题经验，提高做题速度，增强做题的感觉。

第六阶段是5月底，这时候距离高考还剩不到半个月的时间，他要做的是对各学科进行总结和归纳。

就是通过这六个阶段的目标学习，他才逐渐实现自己的最终目标，以优异的成绩考入了清华大学基础科学系。

其实，学习就是一场比赛，谁的目标制订得好、实现得好，谁就能取得最后的成功。而目标的制订和实现的过程，实际也是一场智慧的较量。

第二次世界大战期间，美国作家兼战地记者西华·莱德和同伴一起被伞降在缅印交界的丛林里。如果要活下去，他必须翻山越岭徒步行走近200公里，到达印度境内。酷暑、疲倦、饥渴以及身上的负重，加上脚底磨出的血泡，一个又一个的障碍像一道道无法逾越的鸿沟，挡在他前进的道路上，别的同伴都不愿再走下去了。西华·莱德很聪明，他想：我别无选择，只需要走完下一里而用不着去想那么多。结果，他把近200公里的路拆分成一里一里，最终到达了目的地。有了这次成功的经历之后，战后西华·莱德成了一个著名的作家和自由撰稿人。

3.每天都有自己的小计划

» 早起的鸟一定有食吃吗
» 当计划与现实发生冲突
» 小计划也可以产生大效果

前面我们谈了目标，知道目标的实现需要脚踏实地、有步骤地去做，这就涉及计划了。因为只有把要做的事情计划好，才能合理安排

时间和任务。古语说得好："凡事预则立，不预则废。"做任何事，有计划地进行就容易取得好的成果，反之则不然。由此可知，学习计划对一个学生的学习效果有着深刻的影响。

合理的计划能防止被动和无目的地学习。如果一个人的学习没有计划，就会被身边千变万化的生活所引诱而去偷懒，而学习计划则可以促使你按部就班地执行任务，排除困难和干扰。因此，我们除了要制订自己的阶段目标和计划之外，每天还要有自己的小计划，这些小计划可以帮助你每天都能高效率地完成学习内容。

◆早起的鸟一定有食吃吗

经常看到这样的学生：他们每天早早起床、晚晚入睡，实际睡眠时间严重不足。而科学研究证明，如果每天的睡眠时间少于6小时，一般来说，学习效果也会差强人意；如果每天睡眠能超过6小时，甚至是8小时，学习能力会大为增强，事半功倍。研究还证明，缺少充足的睡眠，大脑的记忆系统对新技能或新资讯的吸收会碰到"困难"。可见，一晚安稳的睡眠对于一个人是多么重要。

虽然科学要求一个青少年每天的睡眠时间应该保证8小时，但实际上，现在许多学生每天只睡6个小时，我所说的早起的"鸟"就是指这些严重缺少睡眠的学生。他们希望依靠牺牲自己的休息时间来换取成绩的提高，而不是用有计划性的学习和较高的效率来提高学习成绩。这样早起的"鸟"，最后反而会没食吃。

有一个高二的学生，虽然学习成绩一般，但她真是非常勤奋。每天放学后她都要学到很晚，除了完成老师布置的作业外，还要做大量的习题。在她的书桌上堆满了各种各样的复习资料和参考书。不仅如此，她每天都早早起床背英语单词和语文课文。

但是令这个孩子失望的是，这么勤奋地学习，换来的却不是成绩的提高，而是成绩平平。这是怎么回事呢？和这个孩子以及她的家长沟通之后，我发现，这个孩子的学习存在严重的无计划性。比如晚上回到家，她完成老师布置的作业后，总是随机地拿起一科的复习资料去看，而且做题没有针对性。正是长期这样疲劳地学习，才导致她的学习效率不高。

针对这个学生的情况，我建议她对自己的学习计划进行调整，如每天完成作业后，先对当天的学习内容进行梳理，把自己存在疑惑的地方找出来，细细分析并加以解决，然后针对这些地方，有目的地做些练习。

同时，我向她提出一个要求：一定要保证每天8小时的睡眠，如果晚上做不到，就在中午补一小觉。开始这个学生认为这样会缩短自己的学习时间，影响学习进度，所以对成绩非常担心。我向她保证，只要她按计划进行，非但不会影响成绩，相信一段时间后，成绩反而会得到提升。

按照我说的，这个学生调整了自己的学习方式，最关键的是开始有计划地安排每天的学习任务，结果一段时间之后，她的成绩果然提高了，那张长期缺少睡眠的小脸上，也开始带着微笑和光泽了。

◆当计划与现实发生冲突

有的学生可能会说，自己也有每天的学习计划，但由于总会被这样或那样的其他事情影响，计划经常不能如期完成。这种情况确实存在，它涉及了计划与现实之间的冲突问题。

在谈如何解决计划与现实的冲突问题之前，我们首先要了解实行计划的意义。其实，坚持计划是人的意志力的体现。意志力是帮助人们成功的情商中最重要的因素之一，在坚持实行计划的过程中，你的意志力得到磨炼，使得你的学习成绩得到进一步提升。这些进步会增强你的自信心，从而取得更大的成功。

同时，按照计划行事，能使自己的学习生活节奏分明，这样就会让你做到该学习时能安心学习、该玩的时候能开心地玩。久而久之，所有这些都会形成自觉行为，好的学习习惯就此养成。

合理的学习计划也能让你更有效地利用时间。在计划实行的过程中，你会知道多玩一个小时就会有哪项任务不能完成，这会给你带来多大的影响。最主要的是，有了计划，你的每一步行动都很明确，也不用总是花费心思考虑下一步该学什么。

看，坚持计划对你的学习有多大的益处？我是不是已经回答了当计划与现实发生冲突时我们应该如何抉择了？

当然，这也涉及计划的灵活性和现实性的问题。在制订计划的时候，你也要考虑到计划实行期间可能存在的各种问题。如今天学校可能会有什么活动、家中会有什么事情，那么你就要把你的计划稍作调整，让计划的弹性更强一些。

又比如，假期的学习计划绝不能和平时的一样。你要给自己留出玩和学的时间，否则那种不考虑现实情况的计划一定无法坚持下去。如果完不成计划的次数一多，就会影响到你的情绪，从而影响你做事的信心。

还要提醒大家的是，不要为计划而计划。就像我前面说过的，计划一定要有针对性。不要把计划制订得太满、太死、太紧，要留出机动时间，使计划有既有稳定性又有灵活性。毕竟现实不会完美地跟着计划发展，如果给计划留有一定的余地，那么完成计划的可能性反而会增加。

◆小计划也可以产生大效果

正如小目标可以汇成大成就一样，小计划也可以产生惊人的效果；在我们的学习生活中也同样如此。

我教过一个叫孙友婷的女学生，这个女孩会拉中提琴，而且还加入了人大附中校乐队。但上了高一之后，学习负担加重，因为担心影响自己的学习，她就不想再拉琴了，老师安排她参加演出，她也不参加了。我知道这个情况后，觉得她的想法有些问题，就和她以及她的家长谈了谈。

在谈话中，我首先向孙友婷的家长介绍了关于高校招收特长生的情况。其实，在常年带高中毕业班的过程中，我已经注意和观察到，现在各大高校都会招收一定的特长生，这其中包括体育特长生、文艺特长生等。这些学生先要参加各高校的特长生考试，如果达到学校的标准，学校就会与其签订合同，同时也会为其高考成绩加分，其中，清华大学最高加分达60分，北大可加到50分。这一点，对于具有中提琴特长的孙友婷来说，实在是太重要了。如果她现在放弃自己的特长，那就等于放弃了一个人生的机会。

介绍完这些情况后，我建议孙友婷把这个特长坚持下来，但可以做个小小的调整，就是不必再像从前那样将大量的时间放在拉琴上，而是每天拿出一两个小时练一练。这样的话，她的这个特长可以更好地帮她实现自己的清华、北大之梦。

由于这个小计划特别容易实行，孙友婷就一直坚持了下来。后来，即使在高三最忙的那段时间，她也坚持每天练一个小时琴，练琴成了她放松自己的一种方法。最后，在全国几千人参加的“清华大学艺术特长生冬令营”中，孙友婷通过了专业与文化课考试，成为了获得高考加分的50名艺术特长生之一。

你们看，这么一个小小的计划，最后却产生了一个巨大的效果，像这样简单而轻松的小计划，何乐而不为呢？其实，计划不在大小，重要的是有效和坚持。

美国建国期间的伟人富兰克林有一个习惯，他每天晚上都会把当天的情形重新回想一遍。一段时间下来，他发现自己有13个很严重的错误，这里列举其中的三项：浪费时间、为小事烦恼、和别人争论冲突。

聪明的富兰克林发现，除非他能够减少这一类的错误，否则不可能有什么成就。所以他每个礼拜选出一项缺点来与之搏斗，然后把每一天的输赢制作成记录表；在下个礼拜，他另外挑出一个坏习惯，准备齐全，再开始另一场新的战斗。富兰克林把每个礼拜改掉一个坏习惯的战斗持续了两年多，就这样，他后来成为了美国历史上最受人敬爱也最具影响力的人物之一。

03 完美学业 拿到高分可以很轻松

每年的中考、高考之后，总能看到许多人对成绩优异者投去艳羡、敬佩的目光；也有的同学会带着看外星人的眼光在说：“怎么会考这么高的分数？”其实他们不知道，只要把学业安排好、心态调整好，拿到高分其实是很轻松的事情。在这一节中，我就让你们体会一下这种轻松。

1.学习，可以是一种享受

» 学习其实很有趣
» 在学习中快乐前行
» 享受学习的人生

如果我说学习是一种享受，估计许多同学都会不以为然。是啊，从古至今，没有听谁说过学习是一种享受，就连那些描写学习的词也是让人痛苦不堪的，像什么悬梁刺股、闻鸡起舞、凿壁借光，就没有一个词和享受沾边。到了现在，面对着堆积如山的课本、永远做不完的作业、不胜其烦的考试，“享受”一词更是无从谈起了。

其实，我要强调的“享受”是一种心态。我认为，学习是获取知识的过程，也是获得快乐的过程，怎么能不去享受它呢？

◆学习其实很有趣

一个人只要真正地投入到学习之中，你就会发现，其实学习很有趣。我为什么这么说呢？因为我发现，其实不是学习没有趣，而是我们学习者没有发现学习的乐趣；当你发现并体会到学习的乐趣时，学习就变成一件快乐的事儿了。

我的学生张亦楠就是在学习的过程中发现学习的乐趣的。他在经历过高一的一段学习倦怠期后，就开始深深沉醉于学习的乐趣中。正如他所说："在那些死板的分数和练习题背后，蕴藏着前人千百年的智慧积淀，积淀铸就了美。"也正是这种乐趣引导他在数学王国中钻研，最终在高三时获得全国高中数学联赛一等奖，并被保送到清华大学电子系。

有的同学可能会问："我该怎样才能发现学习的乐趣呢？"我认为首要的一点是调整自己的学习心态。如果你把学习当做一件快乐的事儿去完成，你就能够发现学习的乐趣。打个比方，让你面对着一具骷髅坐着和面对着一位美女坐着，感觉是不是不一样？同样是10分钟，面对的对象不一样，感觉一定大相径庭。所以，不妨把心态先调整好，让自己先培养起学习的兴趣，自然学习就变得有趣得多了。

如何培养学习的兴趣呢？我想用我的学生陈子君的话来回答："学习兴趣不应仅限于对课本知识的兴趣。比如我自己，我对接触到的信息都充满兴趣，这些信息不仅包括学科周边的知识。看看我订阅的报刊，就不难发现我攫取的都是些什么样的信息。"

学习兴趣真的是和自己的体验有关。陈子君的学习兴趣是从对周边知识的涉猎中获得的，肖盾是从学习的氛围中获得学习兴趣的，陈远是从学习的成就中获得学习兴趣的。所以，如果你真正地深入到学习中就会发现，解答出一道题时那种成功的快感；考试中，你第一个全部完成试题交卷的快感；与同学争论得面红耳赤后观点胜利的快感……这些，就是激起你学习兴趣之所在。

同学们都知道法国昆虫学家法布尔。法布尔之所以能成为闻名世界的昆虫学家，全仰赖于他对昆虫的兴趣。

法布尔从小就对昆虫产生了浓厚的兴趣，为了观察昆虫的活动，

他常常一连好几个小时动都不动。有一天夜里，他提着灯笼蹲在田野里观看蜈蚣怎样产卵，看得入了迷，忽然他感到四周越来越亮，抬头一看，原来太阳已经升起来了，他竟然不知不觉看了整整一晚。还有一次，法布尔为了观察蜣螂的活动，爬到了一棵果树上。刚看了没多久，他就听到大树下有人大喊："抓贼啊，抓小偷！"原来人们竟把他当成了偷果子的小偷！

我们想一想，如果不是因为对昆虫有着浓厚的兴趣，法布尔怎么能享受到研究昆虫过程中的乐趣？反之，如果不是享受到了解昆虫的乐趣，他又怎么会沉醉于昆虫世界，对昆虫充满浓厚的兴趣，乃至终身致力于昆虫研究，并写下了共十卷的巨著《昆虫记》，对昆虫学作出巨大的贡献呢？

所以，想要享受学习的乐趣，先要培养对学习的兴趣。在激起自己学习兴趣的过程中，你会发现学习越来越有趣。

◆在学习中快乐前行

学习是一个先苦后甜的过程，同学们可以回忆一下，无论中间多么辛苦，当你发现自己的辛苦换来好的回报时，那一刻心里是多么的甜蜜。据我观察，在班里真正幸福快乐的学生，都是那些学习刻苦、成绩优异的学生；相反，那些看似快乐、成天嘻嘻哈哈不学习的学生，并不是真正快乐。为什么呢？

学习好的学生，他们的快乐建立在辛苦努力的基础上，是用付出换来的，他们吃尽了苦头，包括忍受解不出题时的苦闷、抵挡别人的玩耍对自己的诱惑……所以，他们知道快乐来之不易，所以更懂得珍惜快乐。因而，同样的快乐，在他们的心中就是双倍甚至四倍的，而且这种快乐是一种成功的喜悦，是其他快乐无法替代的。

而那些成天嘻嘻哈哈不好好学习的学生，他们的快乐之所以不能称之为真正的快乐，是因为在看似快乐的背后，他们收获的是空虚，是一无所得。这种空虚是最可怕的，它会把你的心掏空，让你有一种心里空落落的感觉。这点我是深有体会的。

当年我在班里是有名的调皮鬼，用现在的话说，那就是“差生”。那时，学习环境很差，我自己更不知道用功学习，每天淘气闯祸，老师的批评更是家常便饭，学习成绩一直排在班里倒数10名左右。我那时经常做的事儿就是和同学一起玩扑克，玩的时候嘻嘻哈哈，好像快乐无比，但第二天发现还是同样的生活，感觉挺无趣的。

后来，高考制度恢复了，我觉得考上大学是件挺光彩的事儿，心里被触动了。但由于自己平时学习成绩太差，老师在鼓动班里同学提前参加高考时，压根儿没把我算在内。之后我心里就憋着一口气，发誓一定要考上大学让他们看看。

从此，我就开始了“魔鬼学习”。怎么个魔鬼法？当时我们是高二参加高考，而我刚读高一，为了参加高考，我得学习高二的知识。可一打开书本才发现，自己是这儿也不会、那儿也不行。于是我考虑先从初中的课本着手复习，结果一看初中的书本我才知道，自己不会的那些知识，原来是初中就没有学好的。

我根据自己的实际情况，制订了一套适合自己的学习方法。我把初一到高二的8本数学书串到一起、8本语文书串到一起，别人是一本一本地复习，而我是一摞一摞地复习。

那时候我学得很辛苦，苦到什么程度呢？当时我们在学校住宿，学校晚上7～9点供电，过了9点就没电了，想看书只能用煤油灯。我就找来一盏煤油灯，每天夜以继日地学习。虽然学到很晚，但我感到很快乐、很满足，每天都觉得自己很充实，就好像学习已经成为我生命中最主要的一部分，一天不学我就觉得浑身难受。

我们学校的宿舍是通铺，所有的人睡在一张大床上，铺上都是沙草，很容易着火，为了安全，学校禁止点煤油灯。但那时我已经沉浸在学习之中，不学习就不舒服，怎么办？只有偷偷地学。结果校长在巡视的时候发现了，把煤油灯灯没收了，然后第二天我又买一盏，又被没收了。

一而再，再而三，校长生气了，我也不敢再在宿舍点煤油灯学习了。但我不能不学习啊！于是我到处找地方，最后终于发现了一个好去处——学校的菜窖。

从那以后，我每天晚上都提着煤油灯到菜窖里看书，一看就看到半夜。当时的感觉太好了，真是“躲进小楼成一统，管他春夏与秋冬”。我记得有一天晚上，狂风大作，雷电交加，我没感到恐惧，反而觉得是一种快乐——一种奋斗的快乐。当时我还作了一首诗：

闻鸡起舞夜枕戈，寒灯苦读人伴魔。
青春飘动如逝水，岁月流金不蹉跎。

我的付出最终获得了回报——我成了当年我们班唯一一个考上大学的学生。你们看，我那时学习得苦吧？但我却丝毫不觉得，反而直到现在想起来还是很快乐。这就是学习中体验到的快乐，享受着学习的快乐，我轻松前行。

我告诉大家一个事实：如果你觉得学习是一件苦差事，那恰恰说明你还没有苦到一定程度；假如你真的吃苦到一定程度，那么感觉到的就只有快乐。

◆**享受学习的人生**

我工作三十多年了，一直没有停止学习。我也知道学习苦、学习累，但感受更多的还是学习带来的快乐。我女儿考上北大后，我又重新做回“学生”，备考中科院博士。复习期间，经常一学就是一通宵，最后，我以英语68分、专业课88分的成绩通过了考试。当时心里甜滋滋的，因为我正享受着学习的人生。

我们每个人一生都在学习，所以要把学习当做一种快乐，这样才能更好地享受人生。在国外发达国家，他们提倡的就是一种享受学习的教育。我的学生肖盾概括他在英国剑桥大学的生活时，就用了“享受学习”的说法。这固然和每个国家的教育体制不一样有关，但和个人的心态也密不可分。

曾有一个学生，他学习成绩不好，又不遵守纪律，还差点儿因此被学校开除。后来他转到我的班上。由于班级的同学都在刻苦地学习，加上我又刻意引导和鼓励他，所以他逐渐地安下心来学习，一段时间后，他尝到了学习的乐趣，就真的把学习当做一种人生的享受了。据他母亲反映，他每天就睡六七个小时，以致当妈的都开始担心孩子的身体健康了。

有时候，睡了一小觉的妈妈半夜醒来，发现已经12点了，而他还在学习，于是就催他：“儿子，睡吧，明天还要上课呢。”

他头也不抬地说：“我再学一会儿。”

到了凌晨1点，妈妈发现孩子还没有睡觉，又去催他。结果他不

耐烦了，说："不要再来烦我了。"

通过这件事，大家觉得，这时候学习对于这个学生来说，是不是已经成为一种享受？他享受着学习的过程，感受到学习的快乐，就不会觉得学习苦和累了。其实这个时候，他反而是最轻松愉快的。

人大附中的学生一下课就争先恐后地往竞赛班里跑，迫不及待地做那些变态的难题，天天如此，不知疲倦。你认为他们没有生活乐趣？他们不会享受人生？不！他们是乐在学习中。正因为他们能够享受学习的快乐，所以他们才会成为最优秀的学生。

2.找对方法，提高成绩并不难

» 好方法带来高效率
» 适合的，就是最好的
» 根据自己的特点找对方法

法国物理学家朗之万在总结读书的经验与教训时深有体会地说："方法的得当与否往往会主宰整个读书过程，它能将你托到成功的彼岸，也能将你拉入失败的深谷。"由此我们可以知道，学习方法是何等的重要。

仔细观察身边的同学，你就会发现，不少同学学习非常勤奋，白天在学校争分夺秒，甚至课间的10分钟也不放过，晚上回到家还要学到深夜，可这样的"勤奋"换来得却依旧是成绩平平；同时，你也会发现另外一些同学的情况，他们的学习并不十分紧张，除了上课和自习课外，其余时间很少用来学习，可是学习成绩却很好。这是为什么呢？是智力的差异吗？不是。人体解剖学告诉我们，在同一个年龄段，一般正常人的大脑在构造和重量上的差异微乎其微的。所以，造成两人学习成绩悬殊的最主要原因不是智力，而是学习方法。

◆好方法带来高效率

好的学习方法会提高你的学习效率，使你的学习达到事半功倍的效果。在我教过的学生中，他们大多知道如何找到适合自己的学习方法，从而提高自己的学习效率。陈子君就是其中的一个。

这个曾获全国高中化学竞赛一等奖的学生，在学习上有自己的独特招数。下面我给大家介绍一下，从中分析他的学习方法与效率之间的关系。

第一，上课认真“听”讲。陈子君在课堂上喜欢玩文曲星，可同学们发现一个奇怪的现象：无论他怎么玩，老师叫他回答问题，他总能很快答上来，思考的时间不超过1秒钟。其中的奥秘在于，他看似在玩，两只耳朵却在听呢！

第二，有针对性地做题。题海战术不只陈子君反感，我想，同学们都一样。但题海战术是一种方法简单、以高投入求高产出的学习方法，虽然手段单一，但目标却非常明确。所以，陈子君也选择了题海战术，不过，他的做题方法是很讲究技巧的。

首先，题海必须精简。在恰当的时候，集中精力专攻某一学科，并且要速战速决。如高三下学期刚开始，他为了把英语成绩提高8～10分，就疯狂地做英语试题。他以每天解决3套题的速度，坚持了

大概半个月，胜利完成了40套题；之后，他逐渐放慢速度，每天做1套试题。在做题的过程中，他不停地请教老师，在老师的指导下摸索考试技巧。这样坚持了一个月之后，在第一次模拟考试中，他的英语取得136分的成绩，比之前提高了8分。

其次，根据发现的问题调整练习重点。做数学题时，陈子君发现自己做题速度慢，导致时间不够充裕，于是他把练习的重点放在提高做选择题的速度上，争取将做选择题的耗时从35分钟缩减到25分钟以内。他集中做了20套选择题，找到了做选择题的感觉，提高了解题速度，这样就把时间控制住，给后面的计算大题留出了足够的时间。

第三，分门别类地整理知识。陈子君在对知识的整理上，特别注意分门别类。这样，如果需要调动某一方面的知识，他就可以快捷地找到了。而且这种方法应用在生物等基础学科上，非常有效。

不难看出，陈子君后来之所以能被清华大学基础科学系录取，和他这种学习方法是有必然联系的。所以说，用学习方法可以带动学习效率，这话一点儿都不假。

◆适合的，就是最好的

英国著名的美学家博克说过：“有了正确的方法，你就能在茫茫的书海中采撷到斑斓多姿的贝壳。否则，就常会像瞎子一样在黑暗中摸索一番之后仍然空手而回。”什么样的方法才是效率最高的呢？我认为，只有适合自己的才称得上是最好的。

有些同学，觉得别人的学习方法好，于是就照猫画虎，把别人的方法用于自己的学习中。但结果却发现，成绩不但没什么提高，反而还不如自己原来的了。这说明了什么？在借鉴别人的学习方法前，你需要了解对方的方法，而不是照搬，要在别人方法的启发下，找到适合自己的学习方法。

就像之前提到的陈子君，他喜欢边听课边玩文曲星，这个方法可能适合他，但你用一下试试？或许不但课没听好，成绩还要倒退呢，哪里还谈得上提高学习效率？再比如，我的一个学生喜欢把所学的知识用网络图的形式写出来，因为他相信“好记性不如烂笔头”；可陈子君则喜欢把这些内容在脑子里理成一条线，因为他认为，写在纸上的东西，有一部分无法完全记忆，需要时总是要到纸上寻找，费时费力，而且容易形成对笔记的依赖。你说这两人的方法能互换吗？对于你来说，你能把两种方法都用上吗？

所以说，学习方法多种多样，没有好坏之分，而学习效率的高低，则取决于能否找到适合自己的学习方法。就像有些运动员，他们不一定都按照所谓的“正确姿势”来做动作，而是用最适合自己的姿势去训练，最后反而能获得冠军。我们的学习也是一样，如果你只知道循规蹈矩、按部就班地照着那些所谓的“最好的”方法来学习，结果可能会适得其反。

英国有位社会学家曾经对几十位哈佛大学毕业的著名人士进行了一项调查，发现他们大多认为，学习时最重要的就是，找到最适合自己的学习方法。法国著名生理学家贝尔纳也深有感触地说：“适合我的方法能使我发挥天赋与才能，而不适合我的方法则可能阻碍才能的发挥。”

◆根据自己的特点找对方法

这点在实际的学习中也有所体现。有些同学喜欢独自一人阅读，而有些同学在群体中学习效率会更高；有些同学喜欢坐在椅子上学

习，有些同学则喜欢躺在床上或地板上学习；有些同学不喜欢墨守成规，需要多一些自由选择的机会，如自己决定学什么、从哪儿开始学等，而另一些同学则喜欢按部就班地学习，他们需要老师或家长告诉他们每一步该怎么做。

这些学习方法中，哪一个才是最好的呢？答案因人而异。学习是个人行为，你必须根据自己的特点找到最适合自己的方法。

哈佛女孩刘亦婷从小受母亲的培养，学习自觉性强，做事专心，善于总结，她的学习方法就是结合自己的特点而确定的。她的方法如下：

1. 专心学习。在开始学习之前，刘亦婷会做好一切准备工作，包括喝水、削铅笔、找本子等。这样，在学习的时候才不会分散精力，做到专心致志。

2. 计划性、独立性强。学习的时候，刘亦婷在书桌上放一个闹钟，什么时候开始学习、什么时候可以休息，都会事先安排好，精确到分，并把具体时间写在一张纸上，自己严格按照时间表来执行。刘亦婷还用录音机给自己听写，这样就做到了两次复习：第一次是录入的过程，第二次是听写的过程。

3. 会休息。每学习20分钟后，刘亦婷就会休息5分钟，而且她的休息并不是懒洋洋地坐着或躺着，而是离开书桌，做些轻松的活动。在学校，她从来不用课间10分钟赶作业，而是利用这一点儿时间，跑楼梯来锻炼身体。

4. 不放过错误。刘亦婷有一个专门的“改错本”，用正误对照的形式记录各种错题，以便集中复习，巩固改正的效果。

刘亦婷根据自己的特点最终确定了适合自己的方法，我们也不妨先看清自己，然后再去找到属于自己的学习方法。

3.学科不同，方法不同

» 为自己做一张学科分析表
» 有的放矢巧安排

上面我们提到学习方法要因人而异，实际上，由于各个学科的内容和特点不同，具体到每一学科的学习方法也应该有所不同。

数学是一种思维学科，其明显的特点是抽象性和精确性；语文是一种形象学科，其明显的特点是开放性和多样性；英语作为语言教育，更突出实践性和记忆性；物理作为实验科学的一种，更注重观察性和实验性；作为一门神奇的科学，化学对观察力和记忆力要求很高……总之，每一学科都有其与众不同之处，这就要求我们的学习方法既要适合自身的特点，又要针对不同学科而有所不同。

◆为自己做一张学科分析表

怎样找到既适合自己又符合各学科特点的学习方法呢？我个人主张采用学科分析表的形式。同学们不妨把各学科的知识点用网络信息图的形式一一列出来，这样你就会发现各学科的特点。

这种网络信息图的好处在于，它直观地展示了各学科的内容以及每个知识点之间的联系，也让你知道哪些需要记忆、哪些需要练习和理解。这样，你学习目标就变得明确了，学起来自然也就轻松了。然后，你还要在表格中寻找自己各学科的薄弱点，有的放矢，你就能知道自己该怎样去寻找方法了。

另外，在每次考试之后，不妨也针对这次考试制作一张学科分析表，看看自己失分和得分的所在，然后对症下药。

◆有的放矢巧安排

在做好学科分析表后，你就会找到自己的问题所在，接下来，你就要有的放矢地制订学习方法了。下面，我根据不同学科的特点，先分别简单说一说各学科的学习方法，在本书的最后一章，我再结合我的学生的心得，集中讲解。

数学：数学应该怎么学？首先我必须承认，数学具有思维之美，它是思维的艺术。学数学，我认为就是在做智力体操。在数学学习的过程中，你的大脑会瞬间进入巅峰状态。这一学科的学习方法，要从最基本的知识点开始，顺着知识点连成的线找到自己的问题所在，然后由问题推出解决方法。

有一个高一的学生在暑假时找我补课，当时他拿着一个三角函数的问题来问我。这个问题特别简单，我就和他进行了下面的对话，你们看一看，是不是能发现自己在数学上存在的问题：

我问他：“降幂会不会？”

他说：“不会。”

“倍角公式会吗？”

“忘了。”

你们发现他的问题所在了吗？显而易见，他的基础不牢固。你想，如果连最基本的公式都不会，数学怎么能学好？

于是，我就引导他从一些最基本的概念入手，先把基础知识复习一遍，然后让他自己进行公式推导，以加深理解和记忆。这样，他就掌握了数学学习的方法和技巧，就这么简单。

语文：我认为语文学科的学习重在阅读。如果你只是局限于对课本上的知识的吸收，那是远远不够的。其实语文学习重在课外，你要多读、多看，这样积累得多了，自然就有了感觉和悟性。当然，读的时候要有所选择，多看一些有文化品位的书，像《古文观止》《史记》和诗词鉴赏之类的书籍，以及一些名家的散文。

我女儿的语文相当好，诗词歌赋，样样精通。靠的是什么？就是广泛的阅读。她从小就喜欢读书，只要看到喜欢的书，她就会迫不及待地打开来读，沉醉其中，不读完不罢休。有些好的文章或书籍，她会反复读上好几遍。

英语：英语的学习除了需要记忆之外，还要有积少成多的好习惯。我发现，现在有的学生在坐车或走路的时候，会听一些英语原版的录音、英语歌曲，我觉得这是一个很好的培养语感和积累知识的方法。另外，多背英语课文也不失为一个学好英语的途径。我这个“老学生”就是靠着背诵课文，最终获得了博士英语68分的好成绩的。

更重要的一点，英语不能学成“哑巴英语”，要尽一切可能创造机会让自己进行英语对话。如果你在路上碰到外国人问路，就要勇敢地冲上去，既帮了别人还练习了自己的口语，何乐而不为呢？

物理：物理要学好，数学是基础。理解和掌握原理是学好物理的第一个好习惯。此外，不妨用学数学的方法去学物理，就能够化繁为简。

化学：化学学科是我当年学得最好的。高考时化学满分为100分，我考了99分。化学的知识点很多，所以在学习时，要善于把这些知识点串联起来。而且，化学是理科中的文科，每一个知识点都要记忆，等你记得差不多的时候，就没问题了。尤其要重视的是元素周期表，这是学好化学的核心。

4.学习的过程有讲究

» 听课的效率很重要
» 错误，成功的铺路石

学习是一个漫长的过程，也是一个快乐的过程；学习是一个慢慢积累的过程，也是一个积累智慧的过程；学习是一个成长的过程，也是一个催人成长的过程。这个过程中的每个环节都决定着我们学习效果的好坏，所以无论哪个环节，我们都要注意方法。唯有如此，才能把握好整体过程，让我们的学习事半功倍。

◆听课的效率很重要

学生时代是人生的黄金时代，在这个黄金时代里，学生的大部分宝贵光阴是在课堂上度过的。按照每周5天、每天上6节课计算，一学期20周，就要上600节课，一年要上1200节课。一个学生如果不会听课或听课效率不高，那么他的学习可能事倍功半或徒劳无功，学习成绩必然很难令人满意。因此，听课效率真的很重要。下面我就来说一说听课效率这个问题。

要说听课，就不得不先提一下老师的讲课。学生听课听的是什么？就是老师讲课的内容啊！而一个老师在讲课前，对自己这节课内容的理解、把握、领会要远远高于学生；再加上与其他老师一起研讨、交流，多人智慧浓缩成一节课的内容，你想，那不都是精华吗？

学生接受老师讲授的知识，可以说就是站在巨人的肩膀上。所以，如果一个学生在课堂上没有好好听课，那损失是巨大的，即使课后用几倍的时间也弥补不了。

其次，听课过程是师生双方互动的过程，绝不是老师一个人在唱独角戏。我在教12班的时候，发现这个班的学生和普通班的学生相比，有一个明显的不同，就是他们的思维会随着老师的思路走。我在上面讲，他们也在下面思考，往往一道题我讲完了，他们也跟着做出来了。从另一个的角度来看，这是不是一题多解的练习？此外，在听课的过程中，学生的思维是高度活跃的，而这种思维的活跃产生的结果就是学习效率的提高。

因此，一个会学习的学生，会牢牢抓住听课这一环节，并使之效率最大化。

若要充分利用好每一节课，那么听课时就必须达到精力的高度集中。但是完全做到这一点是有难度的，据国外心理学家统计，一个人集中注意力听课的时间是有限的，13～15岁的初中生可使注意力稳定30分钟，15～18岁的高中生可使注意力稳定40分钟。谁也不能保证自己上课时从不开小差儿。如果开了小差儿，某个问题没听清楚，怎么

办？没关系，只要抓紧时间把这个地方记下来，然后跟上老师后面的思路，不要被它影响到整堂课。遗留的问题，等到复习的时候再专心解决。

听课的时候，还要注意紧跟老师的思路，因为只有紧跟老师的思路，你才能边听边思考。一般来说，“听”是被动地接受，“思”则是主动地吸收。边听边思，可以在由被动转化为主动的过程中，逐步加深对知识的认识和理解。

在课堂上，学生不仅要用耳朵听、动脑筋想，还要大胆发言。现在的学生一到高中，几乎就没人愿意发言了，其实这样吃亏的是自己。经过三十多年的教学实践，我发现，凡是积极举手发言的学生，学习进步快、成绩好。如果课堂上只是老师讲、学生听，学生被动地接受，效率一定不高。因此，课堂听课，一定要积极参与，主动地学，这样才可以保证注意力高度集中，达到最佳的听课效果。

◆错误，成功的铺路石

我们在学习的过程中，不可能不犯错误，做错题更是常有的事儿。学习的过程就是不断发现问题和解决问题的过程，所以，从错误中吸取教训，也是学习过程中提高效率的一种方法。

从许多成功的学生口中，我们经常可以听到“错题本”一说。这所谓的“错题本”是起什么作用的呢？就是发现问题、改正错误、吸取经验。“错题本”如果利用好，它就成为汇集我们知识漏洞的题典，如果平时注意及时整理与总结，在复习时，它就是你最重要的复习资料。

但我发现，对于老师批阅后的作业，许多学生根本不放在心上，发下来的作业或试卷只是匆匆瞥一眼分数，然后就弃之一旁。其实这种做法让自己失去了提高学习成绩的一个极好的机会。我批阅学生作业时有个习惯，就是一定要把他出错的地方指出来，有时还要在旁边注明他思路的不恰当之处，而且还会将相应的提示写在旁边。你说，这是我作为一个老师给你的指导、建议，如果你能好好地吸取，是不是可以帮助你的学习更上一层楼?

所以，一定要重视自己曾经犯过的错误，其中有两种情况需要特别注意：一是作业和考试中出现的错误，二是考试或课外练习中遇到的一些自己不会做的题目。这些问题，可能是由于你的某个知识点没学透，也可能是你的思路不对。所以，遇到这种情况，要么向同学请教一下，要么找老师点拨一下，然后再自己独立思考。长期坚持下来，你的学习能力就会悄悄提高。切忌一看题目太难就落荒而逃，结果是越逃越难，最后这些题目会成为考试时的“拦路虎”。

04

智慧习惯 助你达成门门A

美国的约·凯恩斯曾说:“习惯形成性格,性格决定命运。”可见习惯对于一个人的前途至关重要。习惯养成得好,终身受益;养成得不好,则终身受累。在学习上更是如此,要想门门达到A,好的学习习惯是必不可少的。

具体来说,我们应该养成哪些好习惯呢?这些习惯对我们的学习会有怎样的影响?下面就请听我一一道来。

1.细节决定成败

> » 以小见大，看成败
> » 小细节也可以成就大英才
> » 培养学习习惯，从生活小事开始

一家日本食品公司要招聘卫生检测员，一位衣冠楚楚、气度不凡的年轻人自信地走进了总经理办公室。他优雅的谈吐、扎实的专业知识赢得了总经理的好感，职位似乎已经唾手可得了。然而，就是一个小细节，使这个机会从这个年轻人的身边溜走了。什么细节？原来，这个年轻人在转身离去的时候，下意识地抠了一下鼻孔，这个不起眼的小动作并没有逃过总经理的“火眼金睛”。试想，一个没有良好卫生习惯的人怎么能够做卫生检测员呢？

古往今来，不少人常常因细小的事而失败，但也有人是因细小的事而成功的。所以说，细节决定成败！学习亦如此。

◆以小见大，看成败

在我们成长的过程中，习惯一直在默默地发挥作用。科学研究证明，一个人每天有60%的时间都在重复习惯性的动作。孔老夫子说得很好：“少成若天性，习惯如自然。”这话什么意思？小时候养成的习惯会无比坚固，甚至逐渐变成你的天性，以至于长大以后所取得的成功、创造的奇迹，很多方面都是由小时候形成的习惯支撑的。由此可见，习惯的力量有多么强大。正因为习惯如此重要，所以我们更要注重细节。所谓“勿以善小而不为，勿以恶小而为之”，一个不好的行为如果成为习惯，即使在细微，也将会影响大局。

上海地铁2号线的建设就是一个典型的细节决定成败的例子。上海地铁1号线是德国人设计的，看上去并没有什么特殊之处。但中国工程师设计的地铁2号线建成之后，两者相比较，细节的惊人之处就表现出来了。

我们都知道，上海地处华东，它的地势要比周围略低一些。所以一到夏天，这里经常因下雨而使建筑物受困。在修建1号线地铁时，德国人在每一个室外出口都设计了三个台阶，而这三个台阶在雨天可以防止雨水倒灌，减轻地铁的防洪压力；而2号线地铁在修建时没有考虑到这一点，因此在大雨天时曾被淹过，造成了巨大的经济损失。此外，1号线地铁刚建成时，人们曾抱怨过每个地铁出口处的转弯问题，殊不知这几个弯儿能省下多少电啊！打个比方，夏天我们家里都要用空调，为什么打开空调时要关上门窗？为了省电啊！上海地铁1号线的那几个弯儿，就相当于地铁站的门窗。那小小的弯儿帮着省的电，可远多于我们居家用的几度电啊！

看，我只是讲到这儿，就可以看出细节对成败的影响了吧？学习上也是这样。在某一个时期，由于你一时的厌学或一时的态度不好，导致你上课注意力不集中；注意力不集中，导致你课堂上一些知识没能掌握；接着是相关作业没完成；最后是考试没考好。这样周而复始，形成恶性循环，最终导致你的成绩直线下降。一时的小问题，引

发一系列连锁反应，最终可能产生恶劣的结果。所以我们完全可以这样说：学习的细节决定你学习的成败。

◆小细节也可以成就大英才

1963年，气象学家洛伦兹提出“蝴蝶效应”之说，大意是：南美洲亚马孙河流域热带雨林中的一只蝴蝶，偶尔扇动几下翅膀，可能在两周后引起美国得克萨斯州的一场龙卷风。原因就在于，蝴蝶扇动翅膀，带动身边的空气发生运动，产生微弱的气流，而微弱气流的产生又会引起它四周空气以及其他系统产生相应的变化，由此引发连锁反应，最终导致其他系统发生极大变化。

回归到我们的生活中，细节也会产生这样的影响。就拿背英语单词来说，如果你每天早上背3个，一个星期就能背21个，一个月就能背84个，一年就能背1008个，初中三年加上高中三年，你就能积累6048个单词；而CET6的词汇量要求在5500个以上。你看，只是每天早上背3个单词，就能让你足以在高中毕业的同时申请CET6的考试。

同样的道理，如果你把一个好的学习习惯——比如像我上面提到的“错题本”以及上课时的一些好习惯——保持下去，日积月累，就会让你的学习发生天翻地覆的变化。

下面这些细节，同学们不妨对照自己平时的做法，看看你是不是做到了？

1.在读书的过程中，是否让自己的大脑思维积极参与到了读书活动中去？如对内容的理解、阅读的系统性、阅读的问题化等。

2.是否经常锻炼自己的记忆能力？比如，在记忆意志力方面，你有没有要求自己必须要记住什么内容，而且为此想尽办法、付出努力以达到目标？

3. 听课时是否做到用心、静心听课，将思维融入到课堂中去，积极思考、大胆质疑，做好课堂笔记，特别是记录学习中的难点、疑点等？

4. 在做作业时是否能够独立完成，并且在做的过程中注意思维的广度、巩固的及时性、完成的完整性？

5. 是否会及时提出问题，并做到问题明确、问后反思、反思后训练、最后总结？

以上这些学习上的细节，反映出了一个好的学习习惯的养成过程。如果能做到这些，你就能成为一个优秀的学生。

◆培养学习习惯，从生活小事开始

英国著名哲学家培根曾说过："习惯真是一种顽强而巨大的力量，它可以主宰人生。"因此，为了取得好的学习成果，我们首先要养成好的学习习惯；而好习惯的养成，则要从日常生活中的一点一滴、从身边最不起眼的小事做起。下面，我就以最让父母头疼的"磨蹭"这个问题为例，来谈一谈生活小事对学习的影响。

有一个初一的男生，在老师的眼里，他是一个聪明的孩子，可在同学们的心里，他却是一个干什么事都喜欢拖拉的人。他做作业总是比别人慢，经常不能按时完成，甚至有时干脆不交。为什么会这样？看看他做作业的过程就知道了。

每次写作业，他把作业本拿出来之后，并不是马上开始做作业，而是先颇为自满地把前面几次的作业一一欣赏一番，直到翻至要写的一页，这才慢吞吞地找出一支笔开始写。刚写完题目，他似乎发现自己的手指甲有些不对劲，于是便把手指塞到嘴里左边咬咬、右边啃

啃，还时不时地用另一只手揪两下。就这样，时间一分一秒地过去了，结果，人家都把作业写完了，而他刚刚完成了一半。

学习是一项艰苦的脑力劳动，尤其需要踏实、专心，最忌讳分心、磨蹭。学习的时候必须“入境”“入静”，也就是要全身心地沉浸到学习之中，任何与学习无关的事情都要抛诸脑后，否则即使事情再小，也会影响学习的效率。若如这个学生一样，学习成绩自然不能提高。

因此，一旦开始学习，就要百分百专注、投入，因为学习的专注度是决定学习成败的关键因素之一，也是打开成功之门的神奇钥匙。

有人问美国发明大王爱迪生：“成功的第一要素是什么？”爱迪生回答道：“每个人每天都在做事，其中大多数人每天要做很多事情，而我却只做一件。假如你们把这些时间运用到一件事情、一个方向上，那么，你们同样会取得成功。”

2.自主学习决定成绩好坏

- » 主动，好成绩的前提
- » 自主，成就强者
- » 自主，在于自我培养

在我们的身边，经常可以看到几种学生：一种，学习如饥似渴，每天能自己安排学习时间，根本不需要父母督促；另一种，每天需要父母或老师不停地督促，甚至要父母陪伴，才能安心学习；更有甚者，还要父母强迫学习。于是，这三种学生的学习成绩就出现了明显的等级划分。第一种学生，学习成绩飞速提高，进步明显；第二种学生，虽然学习成绩也有提高，但是提高的幅度很小；而第三种学生，成绩相当差。

是什么原因让他们的成绩产生如此大的差异？归根结底是他们的学习的自主性造成的。

◆主动，好成绩的前提

科学研究证明，人的大脑有个情感系统，这个情感系统被激发之后，大脑的长期记忆系统就打开了。能主动学习的学生，在学习时他们处于主动探索的状态，这种主动探索，使他们对学习充满了浓厚的兴趣。因此当一个人主动学习、自主学习的时候，就会激发强烈的积极热情，记忆力大增，需要记的东西都能记住。

我在青岛二中做教导主任的时候，分管高三教学管理。那时候，青岛二中一向的主张是鼓励学生自主安排时间学习，所以学校从来没有晚自习，星期六、星期日老师从来不加班，节假日学生也从不上课。相比于山东省其他学校恨不得周日也分成几天给学生加课，青岛二中的做法在当时是绝无仅有的，

在大家都为这所学校的学生的高考成绩担心的时候，一枚国际数学奥林匹克竞赛的金牌、一个山东省高考状元却都被青岛二中收入囊中。当年全校参加高考的学生有330人，本科上线319人，这个纪录在山东省至今都没有学校能打破。

总结青岛二中能够取得这样好的成绩的原因，我认为，这与学生的学习自主性有密切的关系。学生可以自主安排学习和生活，他们愿

意学习，在他们看来，学习真的是一种享受。

◆自主，成就强者

在阐述这个观点之前，我首先要说一说我女儿学乐器的过程。我女儿学的第一样乐器是钢琴，这个学钢琴的想法来自于我。当时我去外地出差，看到那么高雅的钢琴，听到那么优美的琴声，我动心了，希望女儿也能弹得一手好钢琴。于是，我自作主张把琴买了回来，并请老师教她。没想到，钢琴带给女儿的不是快乐，而是痛苦。于是，在我家经常上演这样的一幕：我女儿坐在钢琴前，一边弹琴一边哭；而我和爱人，为了弹琴的事儿，经常对女儿生气、发火。

一段时间之后，看到女儿对学钢琴确实很反感，最终我们决定放弃，把她从学钢琴中解放出来。但后来，她自己选择了中阮来学的时候，情况就大不一样了。高中三年，每天晚上9点以后，她就知道该弹琴了，于是就自己主动抱着琴弹起来，一弹就是一个小时，完全不用别人督促。在这一个小时里，她的两只手不停地拨动，头一甩一甩的，弹得是那么忘情，就是我想让她停下来都不行。

从我女儿两次学琴的经历中，我们是不是能够有所感悟？一个人，只有自己主动想学、愿意学，才会学好，无论是学习还是生活中的任何事情。

我的学生何煦原来学习成绩一般，后来成绩有了飞跃式的提高，最后考入北京大学数学学院。他在介绍自己的学习方法时，充分肯定了“主动”对于学习的意义，尤其强调要增强学习的主动性，如自己去书店挑书或主动到老师办公室请教问题等。

一个人对学习如果由“不得不学”变为“主动去学”，其学习潜力就会爆发出来，学习效率会大大提高，结果自然是惊人的。所以，主动学习的学生就是比其他学生优秀，无论是成绩还是能力。

◆自主，在于自我培养

2008年春节前，我曾参加英国教科文组织主办的一次考察，对象是英国伦敦初中二年级的一个班。在那个班里，学生们各做各的事情，互不干扰，老师们来回地走动，辅导学生；他们上午9点上课，下午3点放学，作业很少，学生学习全凭个人的自主性。再对比我们国内，很多学校的高中学生被要求早晨5点起床，晚上11点后睡觉；在学习的过程中，全程有老师陪同。套用我一位同行的话说："中国的老师累得像驴一样，中国的学生被管得像绵羊一样。"

如何让我们的学习自主性得到充分发挥呢？在这里，我有几条建议，同学们不妨一试。

首先要明确自己的学习动机。我们知道，学习分为主动学习和被动学习，而被动学习又分为自我被动和他人被动。如果将他人被动转化为自我被动，学习的自主性就会大大增强；如果将自我被动坚持一段时间，使学习成为一种习惯，被动学习转化为主动学习，自然就会发现学习的乐趣。

我在沂水一中任教时，有一个来自农村的学生，他的父母都是老实的农民，全家靠几块责任田生活。然而，村里在划分宅基地时，把他家的责任田划成了宅基地。他爸爸反映了多次，村里就是不给解决。这个学生周末回到家，知道了这件事情，就去找村支书理论，但是结果怎么样？人家认为他在学校学习不好，将来一定没出息，就说你不过是一个差生，有什么资格和我说话？你要是有本事，将来考上大学再来找

我，我就把责任田还给你；要是你考不上，就没资格和我说话。

这几句话，说得这个学生是哑口无言，但他的情绪受了影响，成天闷闷不乐的。我了解到情况后，就找他谈话。我说："你为什么不能成为你们村里第一个大学生呢？如果你考上大学了，这个村支书肯定会把责任田还给你家，还会给你家补偿。所以，你一定要考上大学，不单单是为了你自己，也是为了你家。你要不顾一切地拼一把，只要考上大学，以后什么事儿都好办。"

在这种来自外界的压力下，这个学生化郁闷为力量，真正做到了主动学习，学习的潜能充分爆发出来。最终，他考上了大学，他家的责任田也返还了。

所以，如果你现在是被动学习，那就想想你的学习目的，无论是为了给父母争光，还是为了证明自己的能力，甚至是为了获得某个女孩的好感，这些都可以让你的学习主动性增强。

第二是要让自己产生成就感。你不妨先从某一学科入手，专心应对这一科，在学习的过程中，不断鼓励自己，不停地告诉自己：自己真的行。等这一学科的成绩提升起来了，你的学习成就感就有了，然后再攻其他学科，自然就更有信心、有动力了。

第三要学会从学习中找到乐趣。我得承认，学习的过程是艰辛的，甚至有时是枯燥的。但如果你能把学习的过程变得快乐起来，你的学习兴趣就会被激发出来，自然就变得愿意学了。打个比方，如果你可以用周杰伦的歌唱风格来演绎一下让你感觉枯燥的文字，是不是会很有意思？

最后，要把学习看做是一种挑战，你在学习的过程中享受到了努力奋斗的充实和取得成功的喜悦，逐渐就有了学习的动力，能够主动学习了。

总之，学习的主动性关键还要靠你自己在学习中慢慢培养，所以，同学们不妨先让自己沉浸在学习中，在学习的过程中，一点一点激发起自己的学习兴趣。到那时，兴趣这位最好的老师，就会引导你主动学习了。

3.合理作息，学习习惯可养成

» 科学睡眠VS良好的学习习惯
» 适当运动，提高学习的效率

学习习惯是在学习过程中经过反复练习而形成并发展，从而成为一种个体需要的自动化学习行为方式。良好的学习习惯，有助于激发学生学习的积极性和主动性；有助于形成学习策略，提高学习效率；有助于培养学生的自主学习能力、创新精神和创造能力，使学生终身受益。在影响学习习惯养成的因素中，我认为合理的作息是其中至关重要的一环；同时，良好的作息习惯也是好的学习习惯的一个重要的组成部分。

青少年学生精力旺盛，又处于长身体、长知识的时期，良好的作息习惯是确保他们能够顺利、成功度过求学阶段，最后迈入大学校门的一个最重要、最基础的条件。我为什么这样说呢？因为作息习惯会

影响到你的身体健康和心理健康，而这两种健康指标是衡量一个人整体素质的标准。

◆**科学睡眠vs良好的学习习惯**

我曾经接待过一位家长，这位家长特别恼火自己孩子的睡眠习惯。是什么样的睡眠习惯呢？

这个同学是住校生，每周六晚上才回家。这一回家，周日他就会睡到上午八九点钟，甚至10点钟才起床。为此他妈妈很生气，觉得他不好好学习，起床还这么晚。就因为这件事，母子俩争吵过多次。

我想，可能有很多同学都能理解这个同学，甚至和他有相同的经历，都会觉得妈妈太不体谅孩子。其实，我也挺同情这个学生的。为什么？我了解了一下，这个学生在学校的学习相当辛苦，每天6点起床，之后是一整天的紧张学习，晚上10点半才睡觉。周末回到家，他想好好补一觉，起床后再去参加英语补习班。

因此，我给这位家长的建议就是，周末的时候，孩子要睡就一定让他睡够。只有睡好了，才有精力去学习，学习效率才会提高。

有些同学总是睡得晚、起得早，用我的话说，他的学习是“两头用劲”。看似刻苦，但从身体健康的角度来说，一个人如果每天睡眠不足8小时，长期下去就会造成睡眠困难等疾病。所以，如果平时睡眠时间不够，同学们不妨在假期、周末的时候多睡会儿，补补觉，让疲惫的大脑得到休养生息的机会，不能让不良的作息形成今后难以克服的坏习惯。如果你们的家长对此有意见，那你就让他们看看这本书。

睡觉也是有学问的，为了让同学们养成科学的睡眠习惯，在这里，我要强调一下如何正确睡眠的问题。

有些同学总是学习到疲惫至极的时候，放下书倒头就睡。其实，这并不是科学的睡眠方法。因为人只有在高质量的深度睡眠中，才能充分发挥睡眠的功效，才能在短时间内获得良好的休息。如果放下书本直接上床倒头便睡，此时人的大脑还没有从兴奋状态正常过渡到睡眠状态，自然不会有好的睡眠效果。所以，我建议大家在睡觉前让大脑放松5分钟，如洗个热水澡。这样才能睡得香、睡得实。

如果学习比较紧张，夜间睡得少、睡得差，那就要注意通过午睡来调节。中午是一天的加油站，可别小瞧这二三十分钟甚至十几分钟的休息，它可以让你在下午的学习中保持充足的精力且注意力高度集中。这10分钟的休息，相当于晚上半个小时甚至一个小时的深度睡眠。

在我带的班里就有一个规定：平时把教室闹翻了、大楼闹塌了，我都不管、不限制；但有一个时间必须保持安静，就是午睡时间。人大附中是中午12：00放学，下午13：30上课，中间有一个半小时时间，我要求12：40～13：20，学生必须在教室午休，实在不愿意睡觉的，可以在这个时间看书，但不能讨论。我还特设班干部监管，实行只能进不能出的政策，以方便晚上睡眠不足的同学中午补觉。

实践证明，我的这个方法效果很好。那些从前下午容易犯困、爱睡觉的学生，经过中午的休整，下午上课时的效率都明显提高，极少有人再犯困、打盹儿。

只要你睡眠质量高了、休息好了，学习效率自然就高了；学习效率一高，学习成绩怎么会不好呢？我个人认为，中小学生一定要养成两个最基本的生活习惯，一是保证充足的睡眠，二是保证每天至少一个小时的运动量。下面我就会谈到运动的问题。

◆适当运动，提高学习的效率

谈到运动，有的同学可能会不屑：现在学习这么忙，根本没有运动的时间；即使有时间，还想用来多睡会儿或多玩会儿呢！这样想的学生就大错特错了，适当的运动，对你们的学习只有好处，没有坏处。

研究表明，缺乏运动会导致多种疾病，这一点在学生身上表现得尤为明显。由于学习紧张，没有时间去运动所带来的危害已经显而易见，如近视程度加深、身体素质下降，突出表现为心肺功能不好、爱感冒等。如果每天坚持适度的运动，不但有益于身体健康，还对人的心理健康有显著作用。

运动有助于增强人的自信心、培养稳定的情绪、培养独立和处事果断的能力、提高智力等。最关键的一点是，运动是一种有效的减压方法，有助于宣泄心理压力。

我个人一直坚持7+1>8的原则。就是说，每天7个小时的学习，加上1个小时的运动，学习效率一定高于8个小时都在学习。我的教学经历充分证明了这一理论。在我带过的人大附中12班里，那些最终考入牛津、剑桥的学生，曾在各项体育活动中为班级争得荣誉，如多次蝉联校男子足球冠军、女子篮球季军、运动会总分第一等。运动带给他们强健的体魄，让他们能够承受高强度的学习压力，同时，也提高了他们的学习效率。

其实，我带过的许多学生曾经也和你们一样，一度对学习之余的运动颇为反感。记得当年我在沂水一中当班主任的时候，第一次提倡学生跑步，遭到了学生们的强烈反对！你想，那些学生基本上都是农村孩子，家庭条件差，出汗出力对于他们来说似乎是常事，所以对跑步这个倡议并不感兴趣。于是我向他们解释：你们将来要面对的是高负荷的学习任务，如果没有一个强健的体魄，根本无法承受。所以，我对他们作出硬性规定：每个学生每天下午必须出去跑步一个小时。

最初，有的同学跑完后大汗淋漓，浑身乏力，好像一阵风就能把他们吹倒似的；不过之后情况发生了变化，跑步回来，他们虽然也累，但却是神采奕奕，学习的时候就更加精力充沛了。

跑步是改善学习状态的一个良方。这一点在我女儿身上得到过验证，效果绝对明显。

我女儿高二的时候，我就开始陪着她跑步，每天晚自习放学后跑半个小时。跑完之后，她就格外兴奋，精神抖擞，血液流动加快，小脸红扑扑的，思维也活跃，学习效率更高了。等学习一个小时后，疲劳感上来，正好可以睡觉。就是这个方法，让我的女儿在高三期间没有生过一次病。她逐渐喜欢上了这项运动，甚至在自己学习没感觉时，主动要求去跑几圈。

当然了，虽然我认为跑步是最好的运动方式，但并不是唯一的方式。像有的同学，晚上学习累了之后，喜欢和父母一起散散步，这也不失为一项好的运动。不过我要提醒同学们的是，要注意运动的强度，不要过度运动。试想，本来平时的学习就已经让你身心俱疲了，如果周末再做一项相当消耗体力的运动，如去爬山，等回来后，一天两天缓不过来，身体都吃不消，更谈不上精神饱满地投入学习了。所以，选择正确的运动方式很关键，原则上是既能锻炼身体，还不至于过分劳累才好。

我身边有些学生，平时也积极进行许多运动，但一到高三就把运动停止了，美其名曰“时间紧”。但我却对他们这种做法不以为然。我认为，学习越紧张，越要多运动。为什么？就像前面我说过的，运动可以减压呀！

我在人大附中带过的12班，就是越紧张越爱运动的一个群体。高三那年，同年级的学生都在忙于冲击高考，对当年的校运动会都采取应付的态度；但12班的同学却热情高涨，他们觉得这是高中阶段的最后一次运动会了，一定要拿个第一。

我清楚地记得，在1500米长跑项目上，每个班只能有两个同学报名，其他班都报不满，但我们班竟然有6个同学报名。为了让谁代表班级参赛的问题，大家竟和体委吵了起来。没办法，最后在我的建议下，采取了竞争的方法，在这6个同学之间进行一场比赛，取前两名参赛。到了校运动会那天，这个项目的冠军和亚军都花落我们班。也是在那次运动会上，我们班只差2秒就打破了保存了10年的人大附中校运动会4×400接力赛的校纪录。

就是这样的一群学生，以他们的实际行动，对当时许多人认为的“高分低能”之说给予了有力的还击。最主要的是，他们的能力证明了，他们将来可以承担更重的学业并达到更高的要求。

4.养成乐于思考的好习惯

> » 我思考，我进步
>
> » 独立思考是进步的途径

在天堂里有一棵能满足人心中愿望的树，你只要坐在树底下，所想得到的东西就会立刻被实现。有个旅行者偶然进入了天堂，因为他太疲倦了，就在那棵树下睡着了。当他醒来的时候，不知从何而来的各种美食飘浮在空中，呈现在他眼前。旅行者马上吃了起来，吃饱之后，他就想："如果能有一些饮料的话就更好了。"一眨眼，名贵的酒出现在他眼前。喝下了那些酒，他开始觉得奇怪，心想："这到底是怎么回事呢？我是不是在做梦或者是一些鬼在作弄我？"于是，一些鬼出现了，它们是那么凶猛、可怕，令人恶心，旅行者吓得浑身颤抖，突然，一个想法从他心里生出："我一定会被它们杀掉的。"果不其然，他真的被杀掉了。

这是一个很有意思的寓言，你是否发现了它想要告诉我们的真谛？其实，我们每个人都有一棵可以满足愿望的树，那就是我们头脑的思考。只要我们充分运用，无论你的愿望是什么，迟早都会被实现。

思考之于人的重要性，绝对不低于吃饭。一个人只有善于思考，才会不断进步。因此，西塞罗曾说："活着就意味着思考。"中国的孔圣人也说过："学而不思则罔，思而不学则殆。"

◆我思考，我进步

全球500强企业戴尔电脑的CEO迈克尔·戴尔就是个善于思考的人。早在中学时期，戴尔就做过报纸推销的工作。当和他一起做这份推销工作的人都热火朝天地行动起来的时候，戴尔并没有着急，而是认真地思索了一下哪些人最需要报纸。经过仔细地分析，他认为当时有两种人一定会订阅邮报，就是新婚的人和刚办好房屋贷款的人。留意到这些后，戴尔就开始思考如何才能获得这些人的信息。经过调查，他发现这些人的信息都可以在法院和专业抵押公司找到。

于是，戴尔雇用了一大批人去搜集这些人的信息，得到这些人的

名单之后，他开始联系他们，表示愿意为他们提供两周的免费报纸。这个举动受到了大家的欢迎，使戴尔争取到数千名客户，他也由此得到了18000美元的收益。

看，这就是思考的力量，它帮助戴尔聚众人之力为己所用。再放眼我们的生活，同学们不难发现，思考的力量在我们的身边随处可见。因为思考，我们知道哪些行为是对的，哪些行为是错的；因为思考，我们知道反省自身的所作所为，让自己在不知不觉中成熟起来；因为思考，我们知道寻找让自己变得更优秀的途径……

反之，如果缺乏思考，会有什么样的结果呢？一个人如果不会思考，就会变得软弱无能、反应迟钝、胆小怕事。不善思考的人缺少独立意识，内心犹豫不定，充满恐惧怀疑，没有自己的主见，人云亦云，总在事情发生时，盼望有人替自己出主意。也因此，缺乏思考的人生活如同一团乱麻，没有头绪，看不到前途也看不到希望。

思考的力量是如此巨大，它可以让人产生无与伦比的能量，解决别人无法解决的问题。也正是凭借思考的巨大力量，一个人才有勇气向期望的目标前进，成为自己想成为的人。

美国斯坦福大学运算研究和电脑科学教授乔治·丹特齐格读书时曾经解出数学界两道著名难题，当他再次回忆自己这段经过时，更是强调了思考的力量。

当时，乔治·丹特齐格正在加利福尼亚大学伯克利分校数学系攻读硕士学位。有一天，他上课迟到了，进了教室后，他发现黑板上有两道数学题，以为是教授留的家庭作业，就把这两道题抄了下来。

之后接连几个晚上，他都在对这两道题冥思苦想，先试着解答第一道题，思路不通时又尝试解第二道题，但始终没有头绪，无法得出结果，可他仍然坚持，时时思考。几天后，他终于解出了这两道题，并将作业带到了教室。六周后的一个星期天早上，狂喜的教授把他从梦中叫醒。这时他才知道，自己解出的这两道题并不是家庭作业，而是数学界两道著名的难题，多年来许多数学家都没能解开它们。

正如法国作家帕斯卡尔所说："人只不过是一根苇草，是自然界最脆弱的东西，但它是一根最能思考的苇草。"思考使人类拥有改天换地的力量，成为自然的主人。

◆独立思考是进步的途径

学习使人聪明，是因为学习引发了思考，思考又促使人更深入地学习。死读书而不善于思考的人，最好的结局也就是做个书呆子。而我在那些已经功成名就的学生身上发现，他们有一个明显的共同点——思考绝不比学习少。

真正的知识来自于观察与思考的交替深入，所以知识就是力量，其实在一定程度上也印证着思考就是力量。但在学习中，我经常看到有这样的学生，他们做了大量的练习，但学习成绩却不见提高。当我问到他们做题的过程时，我发现一个特点：他们只是为了做题而做题，做完后对一下答案就算过去了，从不思考为什么这样解答和自己做错的原因。这样下来，无论他们做了多少练习，不会的仍然不会，最终的结果就是学习效率低，成绩不理想。

我认为，学生做习题，特别是做数学题，尤其要注重运用思考的力量。我们要通过思考，把同类题的特点归纳总结出来；通过思考，掌握数学习题的解题技巧，这些技巧会在你的头脑中形成一种反射，以后如果遇到同类题，就会自然而然地激活原有的沉淀，立即搜索到类似的题和答案。

同样的道理，善于思考，不仅仅对于数学，对于其他学科也同样能发挥力量。在此我要提醒大家一句，如果认为文科就是死记硬背，那可就大错特错了。对课本内容的深入思考，不仅能为进一步地记诵打下坚实的基础，还能加深对知识的了解，从而融会贯通，在运用时也能得心应手。

据说IBM在全球管理人员的桌子上都摆着一块金属板，上面写着“Think”（想）。我想，这也是IBM成功的原因之一吧！同时，科学研究证明，人类的脑细胞约有165亿个，一般人只用了不到1000万个，所以，大家不妨多开发大脑，好好地去思考。请记住：“为学之道，必本于思。”

5.当玩则玩，当学则学

» 养成学习的好节奏

» 玩，一种放松的方式

在我们成长的过程中，有许多陪伴我们的游戏、娱乐，从儿时的积木，到长大后的PSP，再到网络游戏，各式各样神奇的玩具吸引着我们，也让我们沉迷其中；同时，还有各种玩的形式，像球类、棋类，真是五花八门。于是，在玩的过程中，有的同学迷失了自己，有的同学望玩却步。

难道学生就应该一门心思只有学习，拒绝一切游戏？我倒不这么认为。我觉得，只要做到当玩则玩、当学则学，玩和学是不冲突的，甚至有时候玩得好，学的效率会更高。

◆养成学习的好节奏

要想做到玩得好、学得效率高，首先要考虑的一个问题就是学习的节奏。这里我先打个比方。

我把一个拳头放在桌子上不动，不管怎么努力也不会产生力量。但是如果我反复抬起再砸下，力量就产生了。为什么？因为有节奏。学习和玩也是这样。人就好比一根橡皮筋，要张弛有度。我经常告诉我的学生：你可以长时间不学习，但一旦学习，你必须分分秒秒都保持高效率地运转。

我也是从你们这个阶段走过来的，也知道玩的乐趣。玩是人的天性，别说你们，就是你们的父母也喜欢玩，只是玩的形式不同而已。玩无可厚非，但一定要把玩与学的关系处理好。想看电视，没关系，那你就去看，但看完后一定要及时收心，学习时就要把心思全放在学习上。

当然，要把握学习的节奏，控制好自己比较难，大家平时一定要注意训练自己。要让自己做到，只要坐到课桌旁，那就标志着开始学习了，心里、眼里就只能有学习。

在我的记忆中，12班的同学在学习上，个个都是好样的，但他们玩起来个个也都是好样的。他们玩的时候，甚至用出了拼命三郎的劲儿。

12班的学生喜欢踢足球，在这个班级，足球是第一运动。班级的40个男生组成了3支球队，而且各有各的阵容。每当踢球的时候，这群足球狂热分子可谓意气风发，真是玩到了极致。他们这种疯狂的劲头，也让他们具有了强烈的团队精神和荣辱感。

在高二年级足球联赛时，12班有感于高一时失败的耻辱，发誓要拿到冠军，一雪前耻。但比赛之初，球踢得并不顺利，上一届的冠军队4班先进一球。大家都非常着急，尤其是班级的一个主力队员张铮。这名优秀的前锋极力要求上阵，可担任教练的张亦楠就是不发话。为什么？因为张亦楠了解张铮的个性，是刻意要憋憋他的劲儿。

所以，当张铮气急败坏地质问张亦楠时，张亦楠就是不回答，也不让他上场。直到下半场过了20多分钟后，教练张亦楠终于开了金口，同意张铮上场。此时的张铮已经被憋到极限，上场没多久就踢进一个球，把比分扳成了1∶1；接着，肖盾又打进一球。最终12班以2∶1小胜。

我说这件事的目的就是要告诉大家，我们不只学习的时候要像12班的学生一样，学出个样儿，玩的时候也要像张铮一样，像12班的同学一样，玩出个样儿。

刚才我提到的这几个学生，后来都考入了理想的学校，张铮考入清华大学电机系，张亦楠考入清华大学电子系，肖盾在英国剑桥大学留学。你说他们能玩不？玩得好不？学得又好不？

所以我认为，在学习的过程中，我们要注意劳逸结合。想玩的时候就去玩吧，但一定要能放能收，把握好学习的节奏。

◆玩，一种放松的方式

每个人的性格和爱好不同，在学习累了的时候，选择的放松方式也不同。有的人喜欢听听音乐，舒缓紧张的情绪；有的人喜欢唱唱歌，让紧绷的神经松弛下来；有的人喜欢运动，缓解疲惫感。无论选择哪种方式放松身心，只要适合自己就好。

先说音乐。现代研究证明，音乐可以调节人的情绪，增强呼吸功能，提高应激能力；调整神经系统，提高大脑灵活性。康德曾说："音乐是高尚机智的娱乐，这种娱乐，使人的精神帮助了肉体，成为肉体的医疗者。"学过乐器的同学可能有体会，当你弹琴的时候，那一刻的身心是非常放松的，似乎所有的烦恼都没了。

再说体育运动。像踢足球、打篮球等，这些运动虽然看似很累，但却为郁结的消极情绪提供了一个发泄口，对改善情绪有明显的作用。喜欢踢球的同学可能在这方面深有感触，当心情不好的时候，踢一场球赛，尽管出了一身的臭汗，但却能有效宣泄坏心情，尤其是考试成绩不理想的时候，一番运动之后，心里的压抑似乎减轻了不少。

玩虽然是一种放松的方式，不过我还是要提醒同学们，这个"玩"也是要有所选择的。有些同学放松的方式是看电视，似乎觉得看电视不用动脑筋，这样大脑就是放松的。确实，短时间地看看娱乐性质的电视节目，的确可以达到放松的目的；但如果长时间看电视，非但不利于放松，还会更加劳累，对眼睛、对身体都不好，而且如果电视节目选择得不对，还会留下后遗症。什么后遗症？拿电视剧来说，前后情节都具有连贯性，有的同学在学习之余看了，自控力差些的话，心里就会始终惦记着剧情的发展，甚至在学习时也想着人物的命运什么的，这样的"放松"非但不能达到放松身心，调节学习节奏的目的，反而还会影响学习效率。

还有的同学喜欢用玩游戏来放松，这个我也不是很赞成。原因除了和看电视一样外，还有更重要的一点是，玩游戏一旦成瘾，就会导致身心疾病。在下面章节中，我会具体地和大家探讨这个问题。

所以，玩是放松的方式，但一定要有选择地玩，要让自己真的玩得放松、轻松，达到减压的目的。

05

提高效率　学到知识是正道

“时钟随着指针的移动滴答作响：‘秒’是雄赳赳气昂昂列队行进的兵士，‘分’是士官，‘时’是带队冲锋陷阵的骁勇军官。所以当你百无聊赖、胡思乱想的时候，请记住你掌上有千军万马，你是他们的统帅。检阅他们时，你不妨问问自己——他们是否在战斗中发挥了最大的作用。”这句话很形象，许多人把它看做真实的警言，但我更愿意把它看做是提高学习效率的箴言。

对于一个学生来说，提高学习效率比只是单纯地拼时间成本要重要得多。有的同学会问，该怎么提高学习效率呢？这就涉及学习方法，下面我们将一一细说。当然了，其中有一些，前面我们已经谈过，在这里有的我们会略过，有的我们则继续深入地谈一下。

1.记忆强人是这样练成的

» 让目标成为记忆力的驱动者
» 理解和喜欢是记忆的法宝
» 知识网络，帮你深刻记忆

“记忆是智慧之母”，这是古已有之的道理。一个有大智慧的人，首先肯定是一个知识丰富的人，而一个人要想具有渊博的知识，就需要有很强的记忆力。好的记忆力对于青少年来说尤其重要。青少年需要依靠记忆来汲取知识和运用知识，而且，青少年所学的知识是系统的、循序渐进的，如果没有对学过的知识进行积累，就很难再接受和理解新的知识。

为了让记忆力更好地参与到学习的过程中，我们就要学会提高自己的记忆力。这其中，方法就至关重要了。前面我们提到过，集中精力可以提高记忆力，除此之外还有其他的方法。

◆让目标成为记忆力的驱动者

美国“股神”沃伦·巴菲特说过这样一句话：“记忆好，不一定会让你成功。但记忆不好，一定会让你糊涂，一定会让你失败，而且失败得很难看。”由此可见，提高自己的记忆力是多么的重要。

我曾经请我的同事帮我在我所教的两个平行班做过实验，结果发现，同一篇课文，我要求在10分钟内背诵下来和只是要求背诵下来，效果明显不一样。要求在10分钟内背诵下来的那个班，学生的记忆效果明显要高于另一个班。

是两个班的学生智力差异导致这样的结果吗？不是，而是记忆目标在起作用，是明确的记忆目标让背诵者更快地记住要记的内容。这个实验提示我们，在学习中要养成一种习惯：严格要求自己，给自己提出明确的记忆目标，如此才能有好的记忆效果。

这种有明确的目的或任务、凭借意志努力记忆某种材料的方法，叫做有意记忆法。当人带着任务记忆时，任务越明确、越具体，就越能调动其心理活动中的积极因素，注意力就越集中，就越能全力以赴地完成记忆的任务。

宋朝有个叫陈正之的读书人，他读书又快又多，但有一个问题：他看过的书都如过眼烟云一般，记不住内容，他觉得是自己的记忆力有问题。后来，他请教学者朱熹，朱熹告诉他，读书不能只图快，要有目标地去读，读的时候还要用脑子想、用心记。从此之后，陈正之每读完一段书，都会仔细思索这段书讲了些什么、有几个要点，并且留心把重要的内容记住。经过日积月累，他终于成了一个学识渊博的人。

所以，大家在读书或背诵一些内容的时候，不妨给自己定个目标，这样记忆效果会大不一样。

◆理解和喜欢是记忆的法宝

此外，还有一种记忆方法很重要，那就是理解记忆。理解记忆就

是在积极思考、达到深刻理解的基础上记忆材料的方法。

同学们可能也会发现，有些内容，如果在理解的基础上去记忆，就容易得多。因为如果你理解了，就说明你把这些内容消化吸收了，就不容易忘记；反之，则忘记得快。比如数学上的一些定理，如果你死记硬背，可能没过多长时间就忘了，甚至更可怕的是，即使你记下来了，需要的时候也不会运用。但如果你理解了，情况就不一样了，当你用到它的时候，它就自动跑出来了。我在讲一些数学公式的时候，会让学生自己详细地推导公式的得来过程，通过推导，学生理解了公式的用法，也就记住了。所以我建议大家，如果碰到记不住的公式，就自己推导一下，即使是在考试时，你也会发现这个方法比较好用。

德国著名心理学家艾宾浩斯在做记忆的实验时发现：为了记住12个无意义音节，平均需要重复16.5次；为了记住36个无意义音节，需要重复54次；而记住六首诗中的480个音节，平均只需要重复8次！

这个实验告诉我们什么？凡是理解了的知识，就能记得迅速、全面而牢固；不然，单凭死记硬背，那真是费力不讨好。

那怎样进行理解记忆呢？我的建议是，在记东西的时候，只要它是有意义的，就应该向自己提出“先理解、后记忆”的要求，把材料分出大小段落和层次，找出它们之间的逻辑关系，而不要从一开始就逐字逐句地记忆。像背古文，可以先把古文的意思弄明白，如果里面的那些实词、虚词都懂了，全篇的中心思想也掌握了，这时再背诵，就是在理解的基础上记忆，背起来就有兴趣得多、快得多，印象也深刻得多。

我还发现生活中存在的一个现象：一首歌曲，像周杰伦的歌，出来没多久学生就会唱了，而且歌词都不会记错的。我个人也有此感受，我一直想把《红楼梦》中林黛玉的《葬花吟》背诵下来，但记了很久，也下过功夫，就是记不住诗的内容。后来听了《葬花吟》这首歌，觉得很喜欢，不知不觉中，这首诗竟然记下来了。

这又说明什么？喜欢是记忆的催化剂。不信你可以试一试，如果你感觉某样东西很美，你就会在无意中把它记下来了。所以，对于学习，不妨也换个心情去看待一些需要记忆的内容，当你喜欢上它的时候，就轻松地背下来了。

◆知识网络，帮你深刻记忆

心理学研究表明，人的记忆是以“组块”为单位的，每一个组块内的信息量的多少是相对的。一个字母可以看做一个组块，一个单词、一个词组也可以看做一个组块，一个句子同样也可以作为一个组块。

组块内部的信息不是各自独立的，而是相互联结的。如果善于把记忆材料分成适当的组块，就能够大大改善记忆效果。有些知识点，要想一个不落地记下来，确实不容易，比如高中的立体几何，不仅定理多、公式多，而且个个都有用，你说你能不记？得记，不记还真不行，但是这么多的知识记起来谈何容易呀！怎么办？有办法，可以让它们形成彼此关联的网络图。我给学生归纳的就是“一个基础、一个定理、两种关系、三个角、四个距离”。这样就变得简单了吧？咱们再以这个为基础添上枝叶，立体几何的内容就全有了。

一个基础：就是四个公理、三个推论；

一个定理：就是三垂线定线；

两种关系：就是平行、垂直关系；

三个角：两条异面直线组成的角、直线和平面组成的角、两个平面组成的角；

……

如此一来，运用这种网络图的形式，立体几何这本书就装进了学生的脑子中。所以，形成系统的记忆方法非常有效，尤其是现在讲的知识网络图，大家不妨好好利用。

当然，记忆是有一定的遗忘周期的，所以无论什么样的知识内容，都要不断重复。我的主张就是在每个周末、每个月、期中复习、期末复习时，做好重复记忆，记忆的效果自然就好。

2.学习三部曲，走向好学业

» 课前预习很重要
» 听课、笔记巧安排
» 课后作业莫忽视

学习效率是决定学习成绩好坏的重要因素。那么，我们应该如何提高自己学习效率呢？这里我归纳出学习的三部曲，在前面我讲过的心态调整的基础上，如果能把这三部曲弹好了，那学习效率自然就能提高。

◆**课前预习很重要**

中国有一句古话："凡事预则立，不预则废。"具体到学生身上，这恰恰说明了课前预习很重要。

在这里，我首先要问同学们一个问题："老师课前为什么要备课？"当然是把知识的重点抓住啊！其实，学生的课前预习也是这个道理。

预习的目的，不是把下一节课的内容自学一遍，也不是对旧知识的温习，而是在二者之间架设一座由旧知识向新知识过渡的桥，即温故纳新。学习某种新知识，要运用哪些旧知识，联系哪些旧知识，哪些要重点准备，这些都要做到心中有数。只有这样，才能在听课过程中把新知识纳入到旧知识体系之中，形成崭新的知识结构。

所以，预习的过程就是要达到三个效果：一是提前熟悉老师的讲课内容，使听课具有针对性；二是激起自己学习新知识的兴趣，以便积极主动地学习；三是提高自己的自学能力，因为自学能力是一个人非常重要的生存本能，未来社会更需要自学能力比较强的人，而预习正好可以达到这种效果。

同学们千万不要小瞧预习这个环节，只要每天抽出5分钟的时间，就可以给你之后的学习带来不可估量的积极影响，何乐而不为呢？既然如此，我们应该怎样做好预习呢？

我觉得预习过程中，最重要的是要学会看重点、圈难点。有些学生拿到书从头到尾看了一遍后，你问他看了些什么，他却什么也不知道，这样完全没有达到预习的目的。所以预习中要学会看重点、圈难点。

在预习中，要注意经常动笔，自己哪些问题看不懂，哪些有点儿

懂，哪些完全懂了，要有区别地圈圈点点做些标记。在预习新课时，遇到不懂的内容很正常。其实，课本中那些你难以理解的地方，往往就是教材的重点、难点，或者是你自己学习中的薄弱环节，弄明白这些的地方，恰好是深入学习的关键所在。预习的时候，你可以把这些不太理解的地方记下来，上课时特别注意听老师是如何解决这些问题的。这样，你听课的目的非常明确，态度积极，注意力也容易集中，听课效果自然也就好。

◆听课、笔记巧安排

现在的课堂上，许多同学都是睁大双眼，紧紧盯着老师，状似在认真听课，但如果仔细观察，你会发现，这个其中的门道还真不少。有的人貌似看着老师，但双眼无神，显然已经魂游天外；有的人双眼盯着老师，双手在下面紧忙着，忙着干什么？副业呀；有的人一边听老师讲，一边笔也在刷刷地动，干什么？记笔记。

我上面说的这几种情况，你仔细留意身边，都可以找得到。这几种学生，我认为在听课这个环节上都失败了。前两种人自不必说，单说最后一种同学，我觉得他亏大了。

老师在上面讲课，他在下面记笔记，好像学得很认真，其实，他只是一部录音机在记录，真正的知识并没有掌握，因为他只顾着抄笔记，却没有动脑思考。这是一种本末倒置的做法，本来记笔记是对听课内容的补充，结果反倒成了主角。课上忙着记笔记，但课下却没有时间看，这样的结果就是一个学期下来，笔记好几本，学习效率却没有提高的迹象。

常听有的同学反映，如果在课堂上记数学笔记，真是听了来不及记、记了来不及听。之所以会有这种情况，其实是没有处理好听课与记笔记的关系。我认为，听课的时候没必要记下所有的东西，笔记要详略得当、提纲挈领。也就是说，记笔记要学会提纲似的方法，在课堂上记好结构、要点，一堂课下来之后，觉得脉络清晰，然后再根据提纲进行回忆、补充。

另外，记思路也是一种有效的记笔记方法。像数学、物理等学科，只要有了思路，就像航海时有了航标灯，自然就有了前进的路线和方向。

最后，还要学会记重点。在课堂上，同学们要高度关注老师反复强调的内容。一般来说，如果是重点内容，老师在课堂上一定会反复强调，有的老师还会把有关内容框出、画出，或者用彩色笔写出来。这些内容，我们一定要记下来。当然，在记录重点时，也要不失时机地记下有关解析内容的经典范例和突破重点的巧思妙解。

所以，聪明的学生要记住，最能提高听课效率的方法是要把听课和记笔记结合起来。

◆课后作业莫忽视

作业是深化知识、巩固知识、检查学习效果的重要手段，也是复习与应用相结合的主要形式。所以，在我看来，提高学习效率的三部曲中最后一个环节就是作业。

从小到大，老师每讲完一节课，基本上都要布置一些作业，但量的多少要根据课的难易程度来定。其实作业的目的就是让学生“温故而知新”，孔子不是说“温故而知新，可以为师矣”嘛！通过作业，可以把上一节课的知识巩固、夯实、提高，这样，下一节课听起来就会更轻松。

现在许多学生不重视课后作业，甚至有的学生对作业抱着一种应付了事的态度，那是非常错误的。课堂上的听课效果如何，在作业中可以直接反映出来。如果没有认真完成作业，自己就错过了发现不足、弥补知识漏洞的机会，在下一节课时，就会影响听课效果。如此一来，就会形成恶性循环，导致积重难返。

同学们不妨回忆一下，当你没有认真完成作业，或是在课间抢时间赶作业、抄作业后，你得到的是什么？除了完成任务的疲惫感，学业上的收获如何呢？其实，聪明的学生要学会利用课后作业巩固自己的所学，带动学习效率的提高。大家可以从以下几个方面着手一试，你就会发现，课后作业的作用真的不能小觑。

首先要边思考边做作业，当带着思考去做作业时，你对所学知识的理解就会进一步加深，就能把易混淆的概念搞清楚，对于公式的变换也会熟练；同时，作业中遇到的问题也会促使自己积极思考，这样，分析问题和解决问题的能力就增强了。其次，作业完成之后不要抛诸脑后，要定期回顾，把作业分类整理，以便为总复习积累资料。

这样，作业就发挥了它巩固和提高的作用。如果你将所学知识巩固了，思维能力提高了，那么学习效率自然也就提高了。

06

业余生活 取与舍的权择

丰富多彩的业余生活，会让我们枯燥的学习生活变得有趣；同时，业余生活也会让我们在紧张的学习之余得以放松。业余生活已经成为我们的生活中不可或缺的组成部分，业余生活的取舍，直接决定了我们的生活现状，也直接影响到我们的学习。因此，学会选择良好的业余生活、杜绝不良的业余生活，是我们成长中需要注意的一个重要问题。

1.都是手机惹的祸

> » 随处可见的手机潮
> » 手机是配角，不是主角
> » 尝试与手机“拜拜”

大家都听过“拇指族”一词吧？看看我们的身边，公交车上、走在路上、课堂上……到处都能看到人们的双手在手机上辛勤地忙碌着，这其中也包括我们的学生。

手机自发明出来之后，就一直在影响着我们的生活。它给我们的生活带来便利的同时，也给我们带来了许多困惑和烦恼。

◆随处可见的手机潮

手机随处可见，深入影响了我们的生活，对此我有切身体会。我自己就一直随身携带手机，偶尔把手机落在家里，这一天就会感觉特别不方便。这种情况对于我们这些工作的人来说，是很正常的，也说明手机的力量的确强大。但我发现，现在这种对手机割舍不下的情结，也出现在了你们学生中间。

这种情况是好还是不好？我只说一件事儿，你们心中就有答案了。一个朋友请我在假期帮他的儿子辅导一下数学，由于我平时也很忙，时间并不那么好安排。那天好不容易安排了时间，我就开始给那个孩子讲起课来。还没讲多长时间，他的手机铃声响了，于是他就在那儿给人家回短信，没办法，我只能停下来，等他把短信发完。

没想到，之后这短信就你来我往、没完没了了。这课还能补下去吗？我抗议了，不满地说："请你学会尊重人！"这句话一出口，那个孩子就不好意思了，连忙向我道歉。课也讲不下去了，我那种好为人师的毛病又出现了，开始教育他："你知道你学习的问题出在哪儿吗？就是因为你学习不够专心。你看，就补课这么一会儿时间，你就忙着发短信，心思完全不在学习上，就算我给你补课，哪会有效果？如果长期这样下去，就是让博士、教授来给你补课，也不会有效果。你先回去吧，把心态调整好再来。"

就这样，第一节课我就把这个学生给"开除"了。结果没过多久，这个学生自己又来了，但这次不一样，在整个补课的过程中，手机再也没响过，我甚至都没看到手机。经过一段时间的补习，他逐渐安静下来，进入了学习状态，成绩也慢慢好转了。

看看，手机就是这样影响着你们的学习，就是用这种无形的威力入侵你们的生活，将你们的学习时间全部侵占。

◆手机是配角，不是主角

虽然手机给我们的学习带来了不好的影响，但不得不承认，生活中有时确实离不开手机。当父母找你们的时候，同学之间需要联系的时候，出去活动的时候……为了方便都免不了要用手机。所以现在许多家长都为孩子配备了手机，让孩子随身携带，虽然我个人并不赞同，但是也得承认，有些时候的确很必要。于是，我在我的班里作了

个规定：上课不能开机。

为了防止学生手机上课不关机，调成震动，我还特意把全班同学的手机号码都要来，找个上课的时间抽查。如果我打电话，谁的手机通了，那下课的时候，你就自己主动把手机交上来吧。

我的做法在有些人看来可能过于强制，但在我看来，手机是生活的辅助工具，但不是离不开的工具。手机在我们的生活中应该是配角，而不是主角。在此，我想介绍我的一些学生处理手机问题的方法。这些方法很值得大家借鉴，也让我感到很骄傲。

像肖盾、刘朔等学生，据他们自己说，他们的手机基本不用，只在周末的时候开机，以便和同学联系，或是收一收短信。用他们的话说，家人和同学以及老师每天都见面，手机根本用不上，何必带着呢？

你不妨也让自己支配手机吧！让手机为你的生活服务，而不是你为手机服务。

◆尝试与手机“拜拜”

有一位家长曾对我讲过发生在他儿子身上的一件事。这位家长的儿子有一部手机，原来一直放在家中。高二的时候，孩子非要带手机，家长一想，觉得身边有手机确实也比较方便，于是就同意了。不过家长多了个心眼，用自己的名字办的卡，而且没有开通手机上网的功能。但一段时间下来，家长就发觉出事儿了。为什么？这孩子上课睡觉，不认真听讲，期中、期末考试成绩都亮了红灯。这可是高二了呀！家长心急如焚，后来发现，手机上竟然有上网记录，而且时间还是晚上熄灯之后。原来，这孩子自己偷偷办了一张卡上网。

看看，这都是手机惹的祸。下面，我们盘点一下手机到底会给我们带来哪些影响。

影响一：扰乱课堂，分散精力。

试想，一个人如果在上课时总惦记着另一件事，那他怎么能听好课呢？青少年的自制能力较差，面对手机的诱惑，怎么会不分散精力？除此之外，上课用手机还会影响别的同学。你想，你在忙着玩手机，同桌或前后左右的同学能不发现吗？一旦发现，必然会受到影响。如果被老师发现，那你影响的范围就更大了，老师讲课要受影响，全班同学的学习都会跟着受到牵连。

影响二：不良信息，玷污心灵。

现在的手机经常会收到各种垃圾信息，我也频频受其所扰。你们这个年龄段的孩子收到这些垃圾短信，不免会觉得新奇，一时忍不住看了，长期下去，就会污染心灵。

影响三：增加父母额外负担。

青少年都是消费者，你们自己还需要父母供养呢，购买手机的钱、每月手机的消费自然也来自父母。你可别小看这些额外消费，长期积累，也是一笔不小的支出，而这些压力全都压在了你们父母身上。

所以，大家最好先不要用手机，如果要用，也得先提高自控能力。上学时最好不带，如果不得不带，那么上课时一定要关机，尤其要注意不能用手机上网。

2.虚拟世界，网络运用要得当

» 空虚时，网络来填补

» 网络，想说爱你不容易

随着信息技术的迅猛发展，网络越来越走进我们学生的生活，甚至大有侵占我们生活的势头。我看过一份调查材料，学生占上网总人数的20%，而其中中学生60.7%上网是为了玩游戏，34.1%的人在找朋友聊天，其余的人则是为了了解相关的新闻和信息。由此可见，大部分同学上网是为了游戏、娱乐和交友。

但网络带给学生的是什么呢？我们一起来看看。

◆空虚时，网络来填补

我接待过一个学生，这个学生见到我就一副敌视的样子。为什么？一来是因为他的父母找我，希望我帮这个学生戒除网瘾；另一方面，这个学生由于长期上网，脱离了现实中人与人的交往，已经对这种正常的交往产生了距离感。但是当我和他谈到网络游戏时，他那种敌对的眼神就不见了，取而代之的是兴奋的光芒。可见，这个孩子在网络世界中陷得多深。当我问到他离开网络的感受时，他沉默了，问得多了，他就闷闷地回答：“没意思。”

看，这就是网络的可怕之处。现在，许多学生沉浸在网络世界中无法自拔，他们把多余的精力发泄在这个虚拟世界里，在网络游戏里打打杀杀。为什么？因为你在网络游戏里打人、杀人，做任何事情都不犯法啊！正因为如此，他们无所顾忌地上网，发泄着内心的压抑。但一旦离开网络呢？他们心里只剩下空虚，而且变得不太适应现实世界，甚至与人交往的能力下降了。有些问题严重的同学，时间一长，陷入虚拟世界中无法脱身，患上了“自闭症”。

另一方面，有调查显示，长时间地上网也易导致眼睛疲劳和神经衰弱，造成视力下降、情绪不振，影响身体发育。我的学生肖盾就有过切身体验。

肖盾在12班被称为电脑神童，按常理来说，他应该是个网络迷吧？但实际上并非如此，他甚至不知道QQ是什么东西，更不会玩任何网络游戏；就是仅有的电脑游戏，也被他自己斩断了。原因是什么？就是因为电脑游戏影响了他的视力。

那天我一进班级就听同学说肖盾迷上了电脑游戏，我很担心，于是向他爸爸求证。他爸爸承认有这事儿，并说和肖盾之间有“君子协定”：肖盾每天学习到11点后上网玩半个小时的游戏，然后关机睡觉。这种情况持续一段时间后，肖盾各方面表现都很正常。我虽然担心，但也想先观察一段时间再说。

可没等我找肖盾，肖盾自己就来找我了，一见面就告诉我：“王老师，我再也不玩电脑游戏了，我的电脑已经被我‘斩首’了。”

原来，肖盾一直听人们说，成绩好的学生都是书呆子，都是“四眼”，肖盾就暗暗发誓自己绝不做“四眼先生”。而玩电脑游戏刚刚两个

月时间，他就发现自己的眼睛开始模糊、见风流泪。所以，他就用自己的玩具大刀把电脑显示器砍开了一条裂缝，以此宣布自己与游戏决裂。

肖盾只是玩了一段时间电脑游戏，视力就受到这么严重的损害，那些天天玩网络游戏的学生又如何呢？不难想象长此以往会对我们的心理和生理产生怎样的影响。所以，我反对学生们玩游戏，尤其是网络游戏。

◆网络，想说爱你不容易

有的同学说："我上网是为了和同学沟通。"其实，我始终比较赞同现实世界中面对面的沟通。现实世界的沟通，可以让我们通过彼此之间的交流，学习对方的长处；也可以让我们通过表情，了解对方的心理活动。而网络交流呢？你不知道与自己交流的对象是一个什么样的人，你也不知道对方和你说话时心里在想什么，这种交流极没有安全感。

在我们身边，经常可以看到一些网聊导致的不该发生的事情。每每看到这样的报道，真是让人心情沉重。

我从电视中看到，一个中学生沉迷于网络，为了拿到上网的钱，竟然对不给他钱的妈妈大打出手。同学们看看，这个学生的行为是不是已经失去了人性？其实，并不是他骨子里就是如此，而是网络改变了他。

网络不仅能改变一个人的性格，还能改变一个人的前程，对此我是有事实依据的。

一个山东的学生曾在父母的带领下与我见面，请我帮助他认清自己，重新走上正确的人生道路。这个学生就是一个典型的沉迷网聊的孩子。

本来，这个学生在高一、高二时学习不错，但到高三后迷上了网络聊天，之后认识了一个女孩子，两个人竟然开始了网恋。没想到，网恋导致他在高考中一败涂地，还招来了女孩子的讽刺。

当然，我并非一味否定网聊，但如果要让我对网络说声“爱你”，恐怕还是不容易。至少，我始终认为，对于辨别能力和自控能力较差的中学生来说，网聊的危害是显而易见的。如果想多交几个朋友，不妨在生活中多与身边的同学交流，你会发现，这种面对面的交流，对你才是最有利的。

3.电视，让人欢喜让人忧

» 电视真的好看吗
» 算算你的电视时间

关于看电视的问题，我曾和女儿探讨过，当时我们的谈话是这样的：

问：“你妈妈在外面看电视，你在房间学习，受影响吗？”

答：“当然受影响。”

问：“我们看电视只看画面又没声音，怎么影响你了？”

答：“反正我只要看到客厅里有人在看电视，心里就多了一分关注。有时候喝水或者去卫生间，就会有意无意地瞅上两眼。如果那个节目还挺有意思，就分心了。”

电视对人的诱惑就是如此之大。别人看你尚且难以自控，更何况你自己看呢？

在这里我要声明一下，我并不是完全反对学生看电视，但问题是，

你看电视的时间能控制得了吗？你看的电视节目加以选择了吗？

◆电视真的好看吗

电视是认识世界的窗口，通过看电视，学生们可以及时了解国内外的大事，开阔视野，增长知识；同时，电视给人丰富的刺激，促进脑细胞的生长发育，能够提高大脑功能；此外看电视也是一种放松的方式。

尽管电视给我们带来了一些好处，但也给我们造成了困扰。看电视的时间过多会相对缩短学习时间，影响学习成绩，尤其是一些不适合青少年的电视节目，极容易造成不良后果。无节制地看电视还会危害我们的身体健康。看电视会导致视力下降，这是被人们普遍认可的，另外有研究表明，看电视会导致人的体重增加，因为看电视时，人很少活动，而且通常还会吃零食。《国际肥胖杂志》上的一份研究报告称，在26岁之前体重超标或患肥胖症的被调查者当中，有41%是那些看电视多的人。

如此看来，看电视是有利有弊，关键就在于你如何对待了。

◆算算你的看电视时间

我们来算一笔很简单的账：一天24个小时，去掉睡眠7个小时、吃饭3个小时、其余一些杂事2个小时，我们就只剩下12个小时了；这12个小时要包括走路、上课、运动等事情，这样算下来你还能留出多少看电视的时间？

英国心理学家研究表明，过多地看电视会影响青少年的智力发育。这一方面具体表现为，看电视过多的学生在学校里较为懒惰，不愿意读书，学习成绩每况愈下。学生电视看得越多，书本知识掌握得越少。而且，这些学生大多不愿意用脑，遇到要他们动脑思考的事情或工作，他们常常千方百计地躲避；直到他们长大后，仍不喜欢工作，即使有了工作，也对工作缺乏兴趣。另一方面，研究还发现，凡是从6岁便开始迷恋于看电视的学生，理解能力较差，甚至与人交往的能力也不及那些看电视较少的学生。

看看，长时间看电视对一个人竟然有如此巨大的影响，现在你们觉得看电视这笔买卖划算吗？

对此我建议，高三的学生最好就不要看电视了。在我女儿读高三时，我们家的电视就通过民主表决的方式封存起来了，结果换来的是女儿高考的好成绩，而且我也有不少收获，因为把看电视的时间用来看书了。等到女儿高考结束后，我们打开电视一起看世界杯，那感觉真是爽啊！

所以，何不尝试着让自己远离电视一段时间，也许你会发现，你的生活一样丰富多彩，而且还更加充实。

4.特长，影响人生的N个关键词

» 特长、学习两不误
» 学会让特长为你加分

我这个人没什么一技之长，除了教书。但我认为，一个人如果有某项特长，绝对可以为自己的人生增添许多乐趣，而且能为自己日后的竞争增加砝码。

现在许多名校都会招收一定数量的特长生，这无疑为有特长的同

学打开了方便之门。而且，不妨问问你们的父母，现在有特长的人在单位是不是珍稀人才？他们在单位就如同大熊猫一样被保护着。

或许有同学认为，我这个说法太功利了。那我们回到自身，当你在紧张的学习之余，弹弹自己喜欢的音乐，玩玩自己喜欢的足球，是不是一件特别快乐的事儿？是不是可以帮助你放松下来，忘掉烦恼？

这就是有特长的好处啊！

◆特长、学习两不误

谈到培养特长，就出现了一个很多人担心的问题：特长会不会影响学习呢？其实不然。让我们来看看我曾带过的几个特长生吧！

一个沈阳的男同学擅长舞蹈，在我的建议下，父母从他小学时就开始让他学习自己喜欢的舞蹈。九年的舞蹈练习，让他具有了良好的形体、深厚的舞蹈功底，而且这个原来不爱学习的学生，在确定自己的目标后，每天练习舞蹈的同时，也拼命地学习文化课，最终两项均过关，以舞蹈特长生的身份被北京科技大学录取。

我的学生孙友婷，这个对练习特长是否会影响学习犹豫了很久的女孩子，最终以优异的成绩考入清华大学。她的特长中提琴，对她考入清华起了决定性的作用。

我的女儿以艺术特长生的身份考入北大，她的各科成绩在高考时也相当高，数学达到147分，而她的特长中阮，成绩也在北大、清华的特长生测试中进入前3名。

由此可见，特长和学习并不矛盾，是不是能做到两不误，关键就看你自己如何处理了。我记得在高考的最后阶段，我女儿就是把练中阮当做了放松，而且一练就是一两个小时，非但没有拖累学习，反而对提高学习效率有所帮助。

◆学会让特长为你加分

我所说的这个加分，不仅仅指高考成绩。试想一下，不管是男孩子还是女孩子，如果有那么一项不是人人都会的特长，该多么令自己骄傲啊！

大学生的日渐增多，学历的竞争力已经日益减弱，大家不妨看看人才市场的激烈竞争，几乎所有招聘表格中都会有一项，那就是你的特长。可别小看这个特长，它可以为你在竞争的路上挡掉许多竞争对手。

意大利诗人夸西莫多吟道："我没有芦苇的纤细，我只有绿叶的闪亮。我有一片绿荫，便可展示灵魂的专长。"中国有一句格言："家财万贯，不如薄技在身。"由此可见，特长在任何时候、任何地方都无比的重要。

所以，如果你喜欢、你愿意，那就培养一技之长，让你的特长为你加分吧，你的人生会因此而更加亮丽多彩。

1996年，英国人詹姆斯·莫里斯获得诺贝尔经济学奖。2008年11月12日，詹姆斯·莫里斯来参见北京诺贝尔论坛，在北京101学校，他说："我用自己的经历告诉你们，在中学时成绩好，并不等于将来你的职业发展会很成功。重要的是你们要明确自己的喜好和特长，并充分发挥它。"他根据自己的切身体验，讲述了特长对一个人的重要性。

詹姆斯·莫里斯读中学时就非常喜欢数学，而且数学成绩也很棒，当时他立下的志愿是长大后成为数学教授。那时候，英国数学专业研究最好的高校就是牛津、剑桥，但以他的成绩，考上这样的学校基本上是一种奢望。虽然没能进入这两所名校，但他坚持发展数学特长，最终在他的成功之路上发挥了巨大的作用。正是凭借自己的数学特长，后来詹姆斯·莫里斯成为牛津、剑桥大学的知名教授。

07

学会交往 如虎添翼

作为一个社会人，无论是从个人生存的角度还是从为社会作贡献的角度，社会交往能力都必不可少，而且如今社会对人的交往能力的要求也越来越高。青少年正处于学习阶段，与人交往的能力也会为今后自己的发展提供力量；而对于学生而言，这种能力首先表现在与同学的交往中。

1.找到你的共振空间

> » 看看身边的共振现象
> » 共振，一种快速成长的方法
> » 培养自己的共振空间

17世纪，克里斯蒂安·惠更斯发明了摆钟。他把几个钟挂在房间的墙上，每个钟摆各自摆动着。惠更斯发现，没过多久，所有的钟摆都开始以精确的、同步的节奏摆动。由此，他得出了这样的理论：钟表的声波进入了墙壁，与每个钟摆各自的摆动相互作用，从而带动所有的钟摆以同样的节奏摆动。惠更斯的这个物理原理，被称为“共振原理”。

如果将共振原理运用到人际中，我们会发现，当一个学生进入一个集体后，随着时间的推动，就会与这个集体产生共振现象，这个集体的一些优秀的习惯和风气就会自然而然地影响到其个人的成长。

◆看看身边的共振现象

在我们12班，学生的竞争意识就是由班级的整体风气决定的。在这个班级，我们强调竞争和平等，班干部实行竞争上岗制，师生之间是平等的关系；班级浓郁的学习气氛使得同学们在学习中一心向上，人人不甘落后。这就是一种共振现象。

对于我们每个人，我们所在的集体就是我们的共振空间，每个班集体都有自己的特点，也就是我们所说的班风。优秀的班集体无一例外都拥有优良的班风，集体中正确的舆论、正派的作风、严格的纪律为学生好好学习、健康成长提供了有利条件；而且优良的班风会对学生形成一种积极的心理暗示，促使他们按照正确的班风改变自己不正确的态度与行为。因此，在良好的班集体中，学生很容易受到影响，自觉或不自觉地努力向前。

同时，我们身边的小集体也是一种共振空间。所谓“物以类聚，人以群分”，就是共振现象的体现。你可以留意自己的身边，从周围朋友的身上学习他们的优点。

这些存在于身边的共振现象会让你一点一点改变自己，也教你学会吸取周围的人身上的优点，不断提高自己。

当年，曾有一个学生转到我带的班级。这个学生的学习成绩在普通班都达不到中游，而且表现也极差，在年级都可谓小有“名气”。学校之所以让他转到我所带的班级，一是因为他的表现使他在原班级难以立足了；另外一个方面，也是希望班级的氛围能影响他，使他向好的方向转化。

这个学生进了我们班之后，经过沟通，他能遵守与我达成的关于自强与自律的约定。但不久他就发现，这个班级有更大的挑战等着他，于是他开始努力学习。由于基础较差，虽然他也尽力了，但成绩就是跟不上。于是，他选择回到山东济南实验中学，想从基础学起。没想到不但成绩没有起色，还由于缺少父母照顾，导致学业一塌糊涂。

在我的建议下，他又回到了北京，仍然到我们班学习。此时的他，心理负担极重，既自卑又痛苦。但在我的鼓励和班级氛围的影响

下，不甘服输的心理逐渐占了上风。经过不懈努力，最终他以特长生的身份考入了北大法学院。

从这个学生的经历可以看出，一个人的改变受到许多因素的影响，而共振则是其中不可忽视的一种！

◆共振，一种快速成长的方法

我的学生肖盾在英国留学期间，深切体会到英国那种自主学习的氛围，受此影响，他努力学习，让自己成为优秀中国人的代表，以不辱没自己的祖国。肖盾住的房间是当年牛顿住过的，那个房间只有获得最高荣誉的学生才有资格入住。我一直认为，这是一种良好的共振现象。

关于共振现象为什么会让人快速成长，我觉得可以用心理学家阿希曾做过的一个实验加以解释。在这个实验里，阿希将每七名男生编为一个试验组，让他们看两张卡片，其中一张卡片上有长短不同的三条直线，另一张卡片上有一条直线，阿希要求他们判断三条直线中哪一条与另一条长度一样。每七名被试验者中，有六名是假被试人，他们被指示一致作出错误判断。结果发现，所有的真被试人中，有37%放弃了自己的正确判断而顺从群体的错误判断。这种个体因感到群体的压力而在行为上与多数人取得一致的现象在心理学上被称为“从众”现象。

正是由于人们普遍存在“从众”心理，因而可以利用这种心理，形成自己的共振空间，使之成为促使自身快速成长的一种方法。我在12班之后带的普通班高一（3）班，就是利用这种共振现象，改变了许多学生，从而形成了班级的良好风气。

当时，3班集中了一些学习成绩落后而又不太好管的学生。要改变这些学生，就要营造良好的班级氛围，这样才会形成良好的共振空间。于是，我采取逐个攻破的战术，从改变一个叫丁浩的学生入手。

丁浩个头比较大，有1.9米，体重达200斤。作为所谓的“条子生”，他很不受其他同学欢迎。我决定以他为突破口，让他逐渐发生自我改变，进而影响其他学生。

我首先和他进行了一番交流，了解了他的心理感受，然后抓住他的特点，将保护周围的同学的责任交给他。当大家逐渐接受他之后，我又安排他担任班级的纪律委员，负责班级的纪律工作，这也是对他的一个约束。这些，我在前面已经谈过了，这里就不再多说了。正是通过这些办法，使丁浩发生了改变，他不再旷课，学习成绩也开始稳步提高，各方面的表现越来越好。

接着，我又用同样的方法改变了另外一些同学。之后，共振的作用充分表现出来了。在原本就很优秀的学生和已经改变了的学生的共同影响下，那些学习较差、不守纪律的学生逐渐也发生了变化，开始遵守纪律、积极进取了。半年后，3班同学的学习成绩名列普通班第一，各项文体活动也居于前列。

“从众”心理如果被好好利用，就能够产生翻天覆地的变化。所以说，共振真的是让人快速成长的一种方式，只要你懂得好好去利用它。

◆培养自己的共振空间

作为一种良好的成长方法，共振在人的心理上产生的作用是巨大的。但很多时候，由于一些主客观因素的影响，我们不能选择自己的班级或学校，那么是不是就意味着无法找到自己良好的共振空间了呢？

其实不然，没有现成的共振空间，我们也可以自己培养。有的同学就说了，没有一个良好的班集体，一个人怎么形成自己的共振空

间？万事皆有解决的办法，我建议，不妨从以下几个方面着手。

首先，你可以选择具有优秀品质的同学，接近他们，与他们成为朋友，在接触的过程中学习他们的长处，自然，你们就会形成一个小集体。在这个集体中，你们就可以形成优秀品质的共振，也一样会互相影响。

其次，无形的空间也可以形成共振。这就是指你要有意识地学习一些伟大人物的品质，如多读一些名人传记，多写一些优秀的文章，通过间接的方式，学习这些人的优秀品质，从而打造自己的共振空间。

总之，如果你能时刻有意识地提高自己，向一些优秀的人学习，就能慢慢地形成自己的共振空间，让自己越来越优秀，正所谓“近朱者赤”嘛！

2.同桌是你的助力器

» 同桌的含义很奇妙
» 好同桌，好伙伴

一首《同桌的你》曾经打动了多少人，让人联想起一个个熟悉的故事。相信同学们在成长过程中，一定都有让人难忘的同桌。正如古语所说：“与善人居，如入芝兰之室。”而在班级生活中，同桌对一个人的影响也是不容忽视的。你想，一个学生几乎全天的时间都在班级，与之时时相处的就是你的同桌了。你的一颦一笑，你的同桌都看在眼里；你同桌的一切，你也都看在眼里，时间久了是不是多多少少会互相影响呢？

所以，聪明的学生会让他的同桌成为自己的助力器。这话怎么说呢？

◆同桌的含义很奇妙

同桌的含义是什么？从字面上理解，所谓“同桌”就是坐一张书桌的人；但我却认为，在更深层次的意义上，同桌应该是互相激励、一起进步的人。

心理学上有一个被称为“心的饱和”的现象，这是一种心理厌倦。当一个人独自看书或学习时，比较容易产生疲劳感；反之，如果和同学一起学习就不易产生这种心理。这是因为，一个人很容易受到许多因素的干扰，导致疲倦，降低学习效率。所以，最好的学习方式是和同学一起研读，一来可以增强气氛，二来两人可以互相切磋，共同解决学业上的问题。

但班级始终是一个集体环境，我们不可能随心所欲，寻找自己喜欢的位置或伙伴，这样一来，你的同桌就成了你学习伙伴的最佳选择。也许有的同学认为，自己的同桌学习成绩比不上自己，对自己没有什么帮助。这样想就错了。

其实你可以换个角度看待这个问题，和比自己优秀的同学在一起，你可以获得经验；和不如自己的同学在一起，你可以树立信心；和与自己不相伯仲的同学在一起，你更可以在每次的较量中取得进步。

◆好同桌，好伙伴

同桌之间的影响是日久弥深的。因为是同桌，彼此之间会从平等的位置来审视对方，有着属于自己的对话和沟通方式。同桌之间能抱着取长补短的心态去相处，最终两个人都会得到提高，不仅仅是学习

成绩，在人格上也会如此。

要使同桌的作用得到最大限度的发挥，良好的关系是其关键所在。正如我们所说，好的关系本身就是好的教育，同学之间也只有在宽松友好的氛围中才可能达成浸润。我在给学生安排同桌时，尽量让他们能够在心理上愿意接受同桌，这样在日后的相处中，双方才能互相包容、互相学习。

其实，我们每个人都有自己的优势，每个人都可能成为同桌的榜样。因为在审视自己的时候，同桌无疑会成为你重要的参照。当一个人开始在乎别人的评价时，就意味着自我的进一步完善。

所以，你不妨好好与你的同桌相处，通过这种相处，既可以获得为人处世的锻炼，也让自己从对方的身上学到更多，同时也给对方向你学习的机会。要知道，好同桌就是好伙伴啊！同学们不妨问问你们的父母，在他们的学习历程中，留下最深刻印象的，可能就是他们的同桌。

3.看淡早恋，宁静淡定学习好

» 爱与喜欢，易混淆的两个概念
» 让模糊的感情模糊下去
» 宁静淡定，让美好成为记忆

在我的教学生涯中，有一件事让我记忆犹新，至今想起来都十分痛心。当时我刚做班主任，就遇到了学生早恋的事情。

那是在沂水一中，一个女学生因为陷入单相思，整个人变得有些神经质；换句话说，就是精神出现了问题。无奈之下，学校只能让她回家休养，而送她回家的任务就交给了我。

从学校到她家的那段路，真是长途跋涉、翻山越岭，我先陪她坐公共汽车，然后又步行，途中经过一条大河，河上竟然连一座桥都没有，我们只有蹚着水过去。那是初冬，河水冰冷刺骨。就这样一路艰辛，直到天黑才到这个学生的家。

她的家在一个小村子里，家家院子都没有墙，全是用树枝圈起来的，一看就知道特别贫困。我们到的时候，家里的炕上铺着花生，一家人正在剥花生，想必是要用卖花生的钱给这个女学生交学费。看到老师来了，女生的父母从别人那儿借了一壶热水给我喝。

当我把事情向这个学生的父母交代清楚后，我看到的是那对夫妇伤心的眼泪和失望的表情。我不知道该说什么，也不知道应该用怎样的语言去安慰他们。对于他们来说，让女儿上学是她走出农村的唯一出路，但这条路却被早恋这把刀生生砍断了。

所以，在我看来，早恋是一把伤人的剑，不但伤害自己，也伤害了你的亲人。

◆爱与喜欢，易混淆的两个概念

谈到早恋，我发现许多学生经常错把喜欢当爱情，这是特别普遍的现象。比如说，有些同学天天在一起玩，几个人比较谈得来，有的同学就容易把这种感觉当成是爱。其实，这是只一种对对方的欣赏，而不是爱。

我在山东教学期间，遇到过一件事，令我印象特别深刻。当时，有个女生本来学习成绩不错，可突然一落千丈。于是我就找她谈话，想了解一下原因。可当我问她时，她却一言不发，我直觉可能是出了什么事。

我向她保证，我相信她，只要她愿意把事情告诉我，我可以和她一起想办法解决。没想到这个女生竟然哭了，这才告诉我，原来她喜欢上一个男生，但却觉得这个男生总是伤害她。

我问那个男生是怎么伤害她的，她哭着说："他明明知道我喜欢他，还经常在我面前说风凉话，更主要的是，他看到我还不理不睬。甚至现在，我只要一看到他和别人说话，就觉得他在说我。"

听到这儿，我觉得其中可能有问题，就问她："他有说过他喜欢你吗？"

结果这个女生特别坚定地说那个男生喜欢自己，原因是有一次这个男生夸过她聪明，长得漂亮，将来一定是个贤妻良母。

我知道原因了，这个女生是错把喜欢当成爱了，但我还是要确定一下。在征得那个女生的同意后，我找到这个男生，和他谈了这件事，没想到，让人啼笑皆非的事儿发生了，这个男生根本没往那个方面想。

于是我跟这个男生说："虽然你没往那个方面想，但人家女孩子那么喜欢你、暗恋你，这说明你有人缘。你要心胸宽广一些，像个男子汉的样儿。以后在和人家相处时，说话做事要格外考虑到这个女孩的心理反应，千万不要给对方造成伤害。"

在我和这个男生的共同努力下，那个女生最后走出了心理阴影。你们看，本来就是一种欣赏，结果让对方错当成了爱，以致给双方带来麻烦。你们这个年龄阶段，欣赏一个人是很正常的，最重要的是不要把这种感觉上升为爱。

◆让模糊的感情模糊下去

我教过这样两个学生，他们在高一开始就是同桌，都特别优秀。后来，我发现这两个人之间产生了“那个意思”，于是就想：坏了，得好好做工作了。

我先找那个女生谈话，直奔主题：“你们俩是不是有点儿那个意思？”

女生回答得也很坦率：“是。”

我就说：“你看啊，这个男生的学习刚刚有些起色，正处于上坡的阶段。你现在引着人家和你谈恋爱，这不是坑人家吗？你这么优秀，这个男生好不容易逮住你，还不得成天想着怎么讨你开心，哪有心思学习呀？”

一听我这么说，这个女生着急了：“老师，我当初就是想帮助他学习，没想走到这步。”

于是我劝导她说：“你要真为人家好，咱就慢慢冷却，行不？”

就这样，我们师生俩达成共识，采用这种慢冷却的方法，让这段还处于模糊状态的感情逐渐冷却了下来，最终他们各自考上了自己理想的大学。

反过来想，如果当时把这种模糊的感情明朗化，可能对这两个学生都不利，也可能就此毁掉这两个学生的前途。

所以，作为学生，无论是为了你自己，还是为了你喜欢或喜欢你的那个同学，请你们让那种模糊的感情继续模糊下去，将那份美好珍藏在心里，让时间去淡化它。如果真的是一份真诚的感情，也让时间去检验它吧！等你们有能力去承担一份爱的责任的时候，再让那份感情释放出它应有的光彩。

◆宁静淡定，让美好成为记忆

对于你们来说，恋爱是那么美好，那种心动的感觉会让许多少男少女忘乎所以，甚至会产生为对方生、为对方死的冲动。每个人的性格不同，对待恋爱的态度也不同。有的人能把恋爱当做一种动力，努力使自己变得更优秀，但这样的人毕竟是极少的；大多数陷入早恋的同学，会由于分心、分神，从而导致学习成绩一落千丈。那么，当那种怦然心动的感觉降临时，我们应该怎么处理呢？

我认为，以淡定的态度、宁静的心情去面对，让美好成为回忆，这是处理早恋的最好办法。

在我带过的班里，曾经有一对早恋的男女同学，痴迷到了什么程度呢？真可谓爱得死去活来，大有从一而终的样子。但现实是残酷的，对于你们这个年龄的孩子来说，情感处于不断变化之中，对自己尚不能负责，何况对对方呢？

果然，没过多久，两个人的性格差异就导致其相处出现了问题。这个男孩子比较活泼，而女孩子则比较稳重，两人在一起讨论问题时，经常发生冲突。比如，女孩子问男孩子题，男孩子讲了一遍，如果女孩子没听明白，男孩子就不耐烦地说女孩子：“你怎么这么笨啊？”结果女孩子气得哭了。这样一来二去，两人之间就产生矛盾了，最后甚至严重到女孩子天天以泪洗面，男孩子心里也不痛快。

看到这种情况，我找到他们两个人谈话，希望他们能平静地处理两人之间的关系，不要影响双方的高考。于是，两人都将这段感情作了淡化处理，尤其是女孩子已经意识到了他们性格上的差异。

就这样，在我的开导下，两个人怀着对彼此美好的印象，全力以赴复习备考，高考时，两人都取得了不错的成绩。至于以后的事儿，那就顺其自然了。

早恋就是人生旅途中的一段插曲，就如同你坐在人生的单行车上，如果中途下车，你就不得不赶下一班。如果你能把这份美好保存在心中，让你的人生列车继续前行，等到车行至终点时，你就会收获一份美好的感情，或是一份美好的回忆。

4.共存空间，善于取长补短

» 三人行必有我师
» 助人越多成绩越好

宋朝诗人卢梅坡的《雪梅》写道："梅雪争春未肯降，骚人搁笔费评章。梅须逊雪三分白，雪却输梅一段香。"至于梅雪争春究竟哪个更美，向来都是众说纷纭，但如果没有二者之间的相互陪衬，那梅雪相映的美景就无法实现。

这就像人与人之间一样，只有互相取长补短，才能共同进步，才能使各自的人生焕发出光彩。

◆三人行必有我师

孔子曾说过："三人行必有我师焉，择其善者而从之，其不善者

而改之。”这句流传下来的箴言，道出了一个真理：要善于向他人学习，以提高自己。

猴子和大象都想吃到河对岸树上的果子，猴子苦于无法过河，大象则苦于无法摘果。双方协商后想出了个办法：大象驮猴子过河，过河后，猴子上树摘果。结果当然是它们都吃到了果子。这就是取长补短、密切合作所取得的效益。

学习同样如此。全才的人毕竟有限，每个人都有自己擅长的一个方面，当你向别人学习的时候，就把对方的优点学了过来。如果你拥有的是1，学习了别人的长处之后，你就拥有了2甚至3。以此类推，你向别人学习的越多，你拥有的就越多。人与人只有互相学习，双方的实力才能大增，我们坚决反对闭门造车，阻止自己前行的步伐。

丹麦天文学家第谷有出色的观察能力，他花了很长时间观测行星的位置，但遗憾的是他不擅长理论研究，导致他得出了许多错误的结论。

后来，第谷请了德国天文学家开普勒做助手，开普勒虽然观察能力不如第谷，但很有理论研究才华。结果开普勒在第谷精密观察的基础上，通过自己深刻的理论研究，发现了行星运动的三大定律。

显然，没有开普勒，第谷的观察材料或许派不上用场；而离开了第谷，开普勒也不会有这样伟大的发现。正是这两位学者结合在一起，取长补短，才在天文学领域作出了卓越的贡献。

◆助人越多成绩越好

约翰准备向一个农场主推销自己新出的收割机。到达农场后，他才知道已经有十多个推销员来推销过产品，但都被拒绝了。尽管如此，他还是满怀信心地向农场主驻地走去。快到驻地的路上，他无意中看到花圃里有一根杂草，便条件反射地将它拔掉了，他这一毫无意识的动作碰巧被出门的农场主看见。

他见到农场主后，刚说明来意，农场主就挥手打断他说："不用介绍了，您的机器我要5台，请尽快交货。"

他很吃惊地问："我非常感谢您订我的货，但我的机器您还没见过，就如此痛快地决定要5台，到时不会反悔吧？"

农场主说："我的确需要这5台收割机，货到马上付款。至于为什么没见过您的机器就决定要，因为你的行为已经明白地告诉我，你是一个乐于助人、诚实可信、有责任感的人。"

这个故事告诉我们一个道理，只有做一个乐于助人的人，别人才愿意帮助你。而且，在互助的过程中，双方都会获益。在学习上，也是这个道理。

我的学生李峥就是一个乐于助人的人，但这个孩子缺乏自信心，学习效率不高。后来在我的鼓励下，李峥在班级获得了大家的认可，不但个人能力得到了极大的提升，而且促使他为大家服务的动力也越来越强了。

后来，李峥通过竞选当上了班级的团支部书记，而且学习成绩也逐渐提高。他参加全国高中数学联赛并获得了一等奖，被保送到清华大学。按常理，李峥之后就可以安心地准备自己的高考，静等上大学了，但他没有，还是那么热心地帮助同学，其中有两件事儿特别令人感动。

12班的班长薛坤本来也符合被保送清华的条件，但由于专业选得不理想，他放弃了保送，要重新选专业，这就意味着要面临备考的紧张复习。做过班干部的同学都知道，班干部要为大家服务，多少会影响学习，而高考前的时间是那么宝贵，必须分秒必争。于是我希望李峥多分担一些薛坤的工作，让薛坤有时间复习，李峥毫不犹豫地接受了，说:“王老师，您放心！让薛坤全力应对高考吧！”

还有另一件事儿，在距离高考仅剩一个月时，班里的刘华峰同学参加体育会考时，不慎腰椎间盘突出，不得不卧床休息，不能上课。这对于一个高三学子来说，影响可谓严重，他的心情可想而知。当我问李峥这事儿应该怎么办时，他向我保证，这事儿由他来安排解决。

为了刘华峰的事儿，李峥特意召开了班会，号召大家轮流值班，一来是陪刘华峰，二来是给刘华峰补课。没想到，全班同学都热情报名，50多个学生轮流帮刘华峰补课，刘华峰卧床一个多月，不但没落下功课，最终还考入了北京大学物理系。

在高考最后冲刺的那一个月，恰逢令我们难忘的“非典”时期。当时为了安全，学校实行小班上课制度，一个年级分成20多个小班，单是每天三次为学生测体温就是一个巨大的工作量。，所有老师都忙得不可开交。李峥看到这种情况，为减轻老师负担，主动承担下帮大家测体温的任务，每天楼上楼下地跑，累得汗流浃背。

直到今天，一想起那段时间李峥所做的工作，我还会感叹。李峥做的这一切，不但没妨碍他个人能力的提高、学习的进步，而且在给予的同时，获得了大家的认可，最后光荣入党。

有的同学认为，学生只要搞好自己的学习就行了，做班干部都是虚的，应该全力以赴做好自己的事儿。殊不知，在帮助人的同时，自己的能力会得到提升，成绩也会提高。不单是李峥，我教过的另一个学生的经历也证明了这一点。

我在山东教学期间，有一个学生担任班里学习委员的职务，在高二考试时他的成绩出现下滑，他认为是由于做班干部影响到学习，于是向我申请，要辞去学习委员的工作，专心抓好自己的学习。

虽然我极力劝说，但他态度坚决。没办法，我只能接受他的申请，撤销了他学习委员的职务。谁知道，不当学习委员了，他的成绩非但没有提高，反而下降得更厉害了。为什么呢？因为责任感消失了。原来作为学习委员，他心里总有个声音在悄悄提醒他：你是学习委员，学习一定要起带头作用。所以，无形之中他有了鞭策自己的力量。但一退下来，压力瞬间消失了，他的成绩也会随之下降。

成绩持续下滑却苦寻答案无果，他满脸愁容地来找我，于是我帮他进行了深入分析，强调他的心态问题是造成成绩下滑的主要原因，并告诉他，一个人要具有豁达的心胸，这样才能助人同时自助。

听了我的分析，他豁然开朗，要求重新担任学习委员一职，但我没有同意，而是让他做了宣传委员。他的工作热情上来了，责任感回来了，学习成绩也提升了。

帮助别人成功，是追求个人成功最保险的方式。每个人都有能力帮助别人，一个能够为别人付出时间和心力的人，在让别人获得成功的同时，自己也会收获一份成果。

08

考前冲刺　让水平超常发挥

中国有句老话，叫“行百里者半九十”。什么意思呢？就是指如果你100里路走了90里，那并没有成功，离成功还差那么一点点；换句话说，你只是走了一半。对于我们即将参加高考的学生来说，也是同样的道理。

虽然经过了三年的高考准备，关键时刻，你的冲刺才决定你的命运之门会向哪里敞开。所以，考前冲刺阶段，可能让你的能力超常发挥，也可能让你一着不慎，满盘皆输。

1.调整心态，增强信心

> » 每个问题就是一个机会
> » 巧借心理暗示，让自己强起来

总会有这样的考生，他们在备考复习阶段成绩都不错，但到了真正高考时，成绩往往并不理想，甚至有的人一败涂地。什么原因造成了这种变化呢？究其根本是考生的心态发生了波动。其实很多时候，心态对于一个人的影响之大不可估量。积极的心态会产生积极的结果，消极的心态会则产生消极的结果。

从前有一位国王，他在疆场上纵横驰骋，几乎战无不胜。但在一次战争中，由于种种原因，他的军队节节败退，溃不成军，昔日高高在上的国王，如今沦落到住在一座小茅屋里。躺在杂乱不堪的床上，他心灰意冷：军队打没了，我也受伤了，还怎么复国啊！正当他失魂落魄、毫无办法的时候，偶然间发现了墙角有一只正在织网的蜘蛛。由于外面正刮着大风，蜘蛛几乎马上要完工的网被风摧毁了，但蜘蛛没有放弃，它又开始从头织着它的“房子”，但是可恶的风又把网摧毁了。就这样反反复复地折腾了7次，每当网要织完时，总会被摧毁。但是顽强的蜘蛛始终没有放弃，仿佛连风也被它征服了，在第八次的时候，它终于织好了网。国王愣在那儿，他从这只低等的动物身上学到了足以令他致胜的道理。他信心大增，立即重整旗鼓，指挥军队，出生入死，冲锋陷阵，终于反败为胜。

这位国王之所以能扭转乾坤，关键就在于他的心态发生了变化：从开始的意志消沉、陷入低谷，再到信心大增、斗志昂扬。因此，毫不夸张地说，一个人的心态可以决定他成功与否。正如拿破仑·希尔所说："播下一种心态，收获一种思想；播下一种思想，收获一种行为；播下一种行为，收获一种习惯；播下一种习惯，收获一种性格；播下一种性格，收获一种命运。"

在考试前，学生应该保持一种什么样的心态呢？我觉得自信第一。所谓"狭路相逢勇者胜"，说的就是这个道理。

◆每个问题就是一个机会

自信的作用，在之前我已经讲过很多了。在这里，我特别强调一下考前增强自信心的重要性。

2005年高考前一个月，一个高三学生的家长找到我。他的女儿在前两次摸底考试中成绩非常好，都上了北京大学的预测分数线，于是，这个学生就把自己的志愿定位在北大了。然而，志愿填报结束后，在做一批外地来卷的时候，这个女生发现自己问题连连，顿时慌了神儿，对自己考北大也失去了信心。

人一失去信心真是可怕啊！这个女生想到的第一件事就是修改自己的志愿，觉得报北大风险太大了，还是改一个保险一点儿的学校吧。可事与愿违，志愿已经不能修改了。这孩子灰心丧气地想：完了，今年高考我算是完了，考不上太丢人，还是不考了吧！结果她

竟然不想参加高考了。这可苦了做父母的，无奈之下，她父亲找到了我。

听家长说完事情的经过后，我觉得是小事一桩。为什么？这个学生并不是实力不够，而是信心不足。所以，只要调整好心态，她完全可以轻松考上北大。于是我就让这个学生自己到我的办公室来。

见到她之后，我问了她两个问题。第一个是："距离高考还有半个月，你在数学上掌握了哪些，这个已经是定局了，对吧？"她点点头。接下来，我问了第二个问题："你不会的题也是客观存在的，对吧？"她又点了点头。

有了这两个问题作铺垫，我开始引导她，说："在前两个问题的基础上，高考之前，你是希望自己的问题暴露得越多越好呢，还是越少越好呢？"

她想了想，回答说："当然是越多越好。"

我接着说："那你希望在什么时间暴露、通过什么方式暴露呢？你觉得高考前做一套卷子却一道题都不错，对自己很好吗？"

她沉默不语，我便继续说："我告诉你，如果在高考前半个月，你花两个小时做一套卷子，竟然一个问题都没有，你不觉得这两个小时被浪费了吗？反之，如果高考前做的两套卷子能让自己暴露出存在的问题，那是多么重要啊！这样的话你就可以在高考前把问题彻底解决掉，也就为你在高考时多拿分数增添了一分把握。现在，你刚一遇到问题就慌了，认为自己不行，不能参加高考了，如果你保持这个状态，我觉得到高考时你就垮掉了。你选择放弃今年的高考是正确的，凭你现在这个状态，你肯定考不上。"

听我说到这儿，这个学生竟然笑了，她说："老师，我现在又想考了。”于是我告诉她：“你想参加高考可以，关键是现在你要有‘让暴风雨来得更猛烈些’的心态。以这样的心态来面对，你今年高考肯定没问题。”

后来从她爸爸打来的电话中我得知，这个学生回家后就像变了一个人似的，又重新全力以赴备考了。而且在当年的高考中，她以超过北大录取分数线20分的优势进入了北大。

你看，拥有自信心多么重要！对这个女生，我先向她分析利弊，让她明白考前暴露出问题对她的重要性，接着我用了激将法，让她自己主动要参加高考。结果如何？

所以，就像我对那个女生所说的，一个学生在高考前的练习或考试中出现问题是好事儿，反之，那些在考前一帆风顺的同学，却要格外小心。

曾经有一个学生在高考落榜后来找我。看她一脸失意的样子，我问她是怎么回事儿，她告诉我：“我在高考前状态特别好，几次模拟考试成绩都相当理想。我觉得自己高考肯定没问题了，没想到，竟然以2分之差落榜了。我现在想不明白，连复读都没有信心了。”

我立马对她说：“你高考前的两次考试成绩都那么好，那你高考失利就是正常的了。”

她不解地问：“为什么？”

我解释道：“你想，有谁可能在知识的掌握上一点儿问题都没有？你也一样。但高考前的两次考试中你取得了好成绩，掩盖了你知识上存在的漏洞，让你想当然地认为自己没问题，放松了对知识的检查。到高考时，所有问题自然就一股脑儿地暴露出来了。”

这和我前面跟那个女生说的道理是一样的，高考前暴露出问题是

好事儿，我们应该为此庆幸，因为这样给了我们改正的机会。

所以，在高考前保持一个良好的心态，正确对待面临的胜与败，是决胜高考的首要前提。

◆巧借心理暗示，让自己强起来

我听朋友说过，每年高考前，山西的五台山香火都特别旺盛；而且，不单是那儿，北京的雍和宫也人满为患。为什么？全都是家长去给孩子祈愿，希望保佑孩子能顺利考上大学。

我女儿高考前，也对我们说起了这件事儿。于是我就让孩子的妈妈去了一趟雍和宫，为孩子求了个护身符。东西拿回来后，我跟女儿说："这个东西是你妈给你求来的，你看要不要戴？"

没想到这孩子高兴得一下子跳了起来，连声说："戴呀，当然要戴了！那是护身符！"

在高考那几天，这孩子天天戴着那个护身符，美滋滋的。这个护身符究竟灵不灵我不知道，但我知道，我女儿那次考试的结果是她所有考试中排名最好的、成绩最突出的、水平发挥最高的。

到底是不是护身符发挥的功效，这我不清楚，但我认为，良好的心理暗示是一定会起作用的。

1968年，美国心理学家罗森塔尔和贾可布森做了一个实验：他们来到一所小学，煞有介事地对所有的学生进行智能测验，然后把一份学生名单通知有关教师，说名单上的这些学生被鉴定为"新近开的花朵"，具有在不久的将来产生"学业冲刺"的潜力，并再三嘱咐教师对此"保密"。其实，这份学生名单是随意拟订的，根本不是智能测试的结果。但八个月后他们再次给这些学生进行智能测验时出现了奇迹：凡被列入此名单的学生，不但成绩提高很快，而且性格开朗，求知欲望强烈，与教师的感情也特别深厚。

为什么会出现这种奇迹呢？这是由于罗森塔尔和贾可布森的特殊身份——著名心理学家，因此教师们对他们提供的名单深信不疑，于是在教育过程中，他们就会对这些学生产生一种积极的情感，即对名单上的学生特别厚爱。尽管名单对学生是保密的，但教师们掩饰不住的深情还是通过语言、笑貌、眼神等表现了出来。在这种深情厚爱的滋润下，学生自然会产生自尊、自爱、自信、自强的心理，在这种心理的推动下，他们才有了显著进步。

其实，人有时候是比较脆弱的，不管是什么样的物件，哪怕一个小小的纸片，都能给人带来良好的心理暗示。所以，我们在高考前，不妨经常对着镜子，对自己说："我是最棒的，我一定能顺利达成愿望。"在这种积极的心理暗示下，你就会具有无穷的力量，实现愿望自然不难。

2.明确目标，确定准则

» 规划战术，有的放矢
» 放倒拦路虎，增强信心

在高考冲刺前，我们每个人内心的目标其实已经确定，此时，最关键的就是做好心理的准备，让自己在最后的阶段，按照自己的复习

准则，冲向目标。

那么，如何确定自己的复习准则呢？这就是一门学问了。

◆规划战术，有的放矢

2008年高考前一个月，我在内蒙古的田家炳中学作了一次考前动员报告，当时我说的第一句话就是："今天我给你们讲两个小时，我可以保证，两个小时后，你们每个人的高考成绩至少提高20分。"当年的高考成绩揭晓，这所中学破纪录地考上清华、北大三人，本科上线率首次跃居赤峰市第一名。不论是不是我报告起的作用，但我认为，我那句"每个人的高考成绩至少提高20分"，对学生来说就是一个目标，有了这个目标，再加上后来我讲的方法和学生本身的努力，最后考出那样的高考成绩就不足为奇了。

下面，我就来说一说"至少提高20分"的战术规划，让大家也能做到高考提高20分。

首先，在考前的那段极短的时间内，每个人都要给自己定下明确具体的目标，重点要突出。面对一张试卷，一定能答出且保证正确的题，就答；确实不会的，就放弃，决不能有丝毫的犹豫，千万不要为一些似是而非的问题浪费时间，给自己增加心理压力。但别忽视那些平常也会、但总因为某种原因而得不了满分的题，那些地方恰恰是你的提分点。

在距离2008年高考不到一个月的时候，我辅导过一个北京考生，当时他的数学在正常情况下能拿到75分左右，而高考数学满分是150分。从他的情况来看，可能连一些基本的数学概念都没弄清楚。时间紧，任务重，怎么办？

我先问他："你今年给自己定的高考目标是多少分？"

他回答说："能得80分我就谢天谢地了。"

于是我说："你不用谢天谢地，谢我就好了。我能让你今年高考数学成绩达到100分。"

听了这话，他就呆住了，一脸怀疑，还不好意思说出来。

我接着说："你不用怀疑，一点儿问题都没有。从70分到100分是一个很简单的过程，只要你按我说的去做，我保证你今年高考数学成绩超过100分。"

之后，我给他分析了高考试题的构成，这里，我也向大家介绍一下。一般来说，一份高考试题，其难易程度的比例是3∶5∶2，也就是说30%是基础题，50%是中档题，20%是难题。将基础题和中档题加在一起就是80%，即120分。所以，即使放弃难题，只做基础题和中档题，得120分也是很正常的，而要把这些分数全部拿到，关键就是要熟练地掌握基本知识点。

听了我的分析，这个学生高兴得合不上嘴，追问我应该怎么做。我言简意赅地告诉他："该拿分的题确保拿分，决不放弃；该回避的题迅速砍掉，决不浪费时间和力气。"

我让他从38套高考模拟试题的选择题入手，从头到尾做一遍，进行突击训练。要求他做一题、对一题，做不对的重来，追求质量，以确保正确率。遇到不会的问题就翻书找答案，或者请教老师同学，一定要弄明白。

之后，我又让他攻克填空题，还是练习38套题。接着，我帮他分析了高考试卷后面的6道大题。这个学生对其中三角函数的问题还是颇有信心的，就是担心得不了满分，于是我就让他多加练习，原则是

不追求速度，也不追求数量，要保证准确率。接下来在概率题上，他自己觉得问题不大，但时不时也会出一点儿小错误，我同样按照做三角函数题的标准去要求他，确保达到得满分的水平。

就这样，我和他一道题一道题地分析、一分一分地算，最后这个学生觉得自己在高考时数学拿100分完全没问题。结果高考结束后，他告诉我他的数学考了110分。

其实，不只是数学，其他学科也是如此。只要你仔细寻找自己的考试得分点，合理规划自己的复习侧重点，就能拥有必胜的信心。当你带着这份信心去考试时，自然会战无不胜了。

◆放倒拦路虎，增强信心

在高考复习的过程中，学生时不时会遇到拦路虎，这些拦路虎，就是学生的畏难心理和对试题应对技巧的把握。我认为，要让学生克服畏难心理，重要的是让他们掌握那些困扰自己的难题的解题技巧，让他们知道，那些看似很复杂的题，其实是有技巧可循的。

我记得，我女儿在高考前，解析几何怎么也不过关，在临考前最后一天，我找了6道高考模拟解析几何题让她做一下，希望她能通过这几道典型题找到解题的技巧和感觉。

做第一道题时，她就遇到了拦路虎。我给她讲了讲解题思路，让她接着往下做。没过多久，又遇到问题了，她的脑袋又大了。我也得承认，解析几何有些题确实很变态，但往往越是变态的题，最后的结果反而越简单，可遗憾的是，不少孩子正是在这种变态的解题过程中被打倒了。

我看女儿半天做不下去，想到了这一点，为了不让她半途而废，我就又点拨了她一下。然而她嘴上说着明白了，却不愿意再继续做了，于是我安慰她说:“你看，反正明天就要高考了，今天我们只当玩儿，行不？接着往下做试试。”

她十分勉强地同意了。为了使她的思路更清晰些，我就让她把解题过程先给我讲一讲。没想到，她给我讲完解题思路之后，自己也明朗了，不到半个小时就把题解决了，而且还找到了做解析几何题的感觉。

后来我女儿感触颇多地说，由于自己一直对解析几何题抱有恐惧心理，所以，以往遇到不会解的变态题，她就赶紧翻答案，不想去面对它，导致她始终没有找到问题的原因和解决方法，现在，这个难关终于在高考前破解了。

事实上，有些题的解题方法往往与你仅有一小步之隔。你如果前进，就找到了技巧；你如果后退，就败在了这只拦路虎的脚下。所以，我们要用自己的信心和耐力，去战胜这些拦路虎。

3.考试说明，手中的考向指南

» 考试说明，考试的指挥棒
» 两个“必须”，把握考试说明

每年的中高考之前，都会有考试说明发放到学生手中。可有些学生总是忽视它，认为它可有可无，其实这种想法是大错特错的。

对于这个考试说明，我一直把它看做我们手中的考向指南，重要性不可小觑。

我在研究近几年的考试说明和高考题后发现，在这些考试说明中，正隐藏着那种看似无形却有形的高考规律。因此，利用好手中的考试说明，可以让你的高考目标更明确一些。

◆考试说明，考试的指挥棒

考试说明是中高考命题唯一依赖的大纲，中考和高考的题型分布、难度分布、考试重点、考试难点，都在其中明明白白地标注着。所以，你可以通过研究考试说明，发现高考命题的范围。

考试说明可以帮助我们知道高考会考些什么，这样，我们每个人就可以根据自己的情况，在复习的过程中，确定哪些自己一定要得分，哪些实在不行就放弃；还有，可以根据考试说明，结合自己知识点的掌握情况，搞清楚考试的侧重点，从而一一加以突破，像有些题目感觉考试不会考，那就放弃；有些题目一定会考，就要高度重视。

在人大附中，高考的考试说明一颁布，我们就会集体研究，而且还要让学生一字一句地分析、学习、解读。正是在解读和分析的过程中，学生找到了后期复习的指导性纲领。

◆两个“必须”，把握考试说明

那么如何解读考试说明呢？我通过这几年的教学经验，总结出两个“必须”。

第一，必须加以比较。比什么？把今年的考试说明和上一年的考试说明比较一下，看看它的变化在哪儿。一般来说，每一年的考试说明都会有些变化；这些新的变化，就是高考命题专家们会考虑出题的地方。

我在这里举个例子，在我们平时的考试中，有时数学选择题的四个选项中没有正确答案，于是老师就会找一个选项，让学生改一下。其实这种做法是欲盖弥彰，改的时候就是在告诉学生此题的答案所在。高考的考试说明也是同样的道理，它改动的地方，往往就是它要命题的地方。

第二，必须查找吻合度。就是查找近五年来中高考试题对考试说明的落实情况，以及与各科知识点的吻合度。我以高考的考试说明为例。

如果你仔细分析就会发现，高考题是严格按照考试说明来命题的。同时，由于考试说明是在高考前三个月颁布的，所以在复习的后期，就要把其中蕴涵的一些核心内容找到。比如，数学看似有130多个知识点，但在高考时，有些知识点是从来不考的。所以，我们在研究高考的知识点的分布时，发现了其中的规律：

一类是每年都会考的知识点，是重中之重。这一类，一定要在复习时重点掌握。我以高考数学为例，这些知识点包括集合的运算、函数的单调性和导数、函数的最值、函数的极值与导数、三角函数的图像与性质、等差数列的前n项和的公式、一元二次不等式的解法、椭圆的方程、直线和圆锥曲线的位置关系、圆锥曲线的应用、二面角，以及古典概型等。

另一类是有些年会考，有些年则不考的知识点。对于这一类，我们也不能忽视，像高考的应用题就是这样。

最后一类是每年都不考，或考得很少的知识点。这些知识在考试说明中是作为了解出现的，我个人认为，这些知识点不妨就放弃吧！

但这个放弃也是有选择性的，有些知识点，如果对别的重要知识点有铺垫的基础作用，那就要多加注意。

4.调整战术，该出手时就出手

» 确定战略，用好资料
» 找准自己的得分点

上面我们研究了考试说明，那怎样在考试说明的指导下确定自己的应考战术，以便从容备考呢？

◆确定战略，用好资料

“抓大放小，各个击破”，这是我对高考复习确定的战略。下面，我就具体讲一讲怎么抓大、如何放小。

在说这个战略目标之前，我首先要分析一下高考考查的具体内容，也就是“三基四能一创新”。

高考考试，考查的是学生的基础知识、基本技能、基本方法，以及逻辑推理能力、空间想象能力、计算和应用能力，还有一个重要的能力：创新能力。按照这个要求，我们平时就要格外注意在这几个方面锻炼自己。下面，我们重点说一下“三基”和“四能”。

先说“三基”，就是前面说的基础知识、基本技能、基本方法。

复习时，对涉及“三基”的题，一定要确保“做好”。这个“做好”，指的是你要用最简单的方法把这道题做出来，确保省时省力。高考时每一分钟都极其宝贵，你在某道题上多花一分钟，就要在别的题上少花一分钟。

对于上面所说的“四能”，即逻辑推理能力、空间想象能力、计算和应用能力，则要在平时多花费些心思了。下面我就分别说一说“四能”的训练目标。

对于逻辑推理能力，这个需要大家多动脑筋，要注意在答题过程中，体现出你的这种能力。

我教过一个学生，他的脑子特别聪明，但经常会出现一个问题：一道证明题有五步，他往往在第一步做对后，中间三步全错，然后结果又对。

原因是什么？就是因为他的思维跳跃得太快了，在考虑中间过程的时候，已经发现了正确的答案，于是就把答案写出来了，却忽视了中间的解题过程。但在考试时，阅卷老师看的恰恰就是过程，而不仅仅是答案。即使你最后答案正确，但中间步骤出错了，没准老师还以为你是抄的呢！

所以我必须强调，考试时，每一个步骤都是有相应的分数的，你忽视了步骤，无形之中就丢失了分数。上面我提到的这个学生，他发现了自己的问题后，有意识地加以练习，以后做题时越来越缜密，最终以优异的成绩被北大数学学院录取。

“四能”中的空间想象能力体现在高中数学立体几何的知识中，也是高考中必考的。这种能力，你只能通过做立体几何题的练习提高。

对于计算能力我则要特别强调，除了平时多加练习之外，没有别的捷径可走，只能是真刀真枪地练出来。

最后的应用能力，这是一种综合能力，是考查用数学知识解决生活问题的能力，也是现在高考命题的一个大趋势。这方面的题每年都会有，怎么办？不能逃避，就只能多和这种题交朋友、打交道，熟了不就不怕了吗？

知道了这些考查内容，你的复习目标是不是就可以确定了？那就是抓基础、提能力、适当放弃难题。至于如何选择、如何放弃？你可以参看一下我前面讲过的高考题的难度分配部分，自然就清楚了。

在复习的过程中，我们必然会用到各种复习资料，这些资料该怎么用才能发挥最大的功效呢？

第一，准确选好复习资料，原则是有的放矢，少而精。

在高考备考过程中，复习资料可谓五花八门。在选择复习资料时，每个人要结合自身特点，并且根据自己对每个学科、每个章节的掌握程度来选择，绝对不能随大流，看到别人用什么就跟着用什么。自己哪一个科目比较弱，就应该多在这个科目下功夫，自然就要更多地关注这个科目的参考书；而至于自己的强势学科，只要跟上老师的复习进度，就完全没有必要再选择其他参考书进行复习了。

第二，根据复习进度选择参考书。

高考前是分阶段复习的，第一轮复习时应该更多地关注基础知识的汇总与梳理，选择的参考书要尽可能多地对一些典型的例题进行详细地说明，以便自己能够清晰掌握解题方法和解题步骤；第二轮复习时应该更多地关注知识的强化和综合应用，使用的参考书也应该体系完整、略有深度；最后冲刺阶段，则应该更多地选择那些指导你提高解题速度和正确率的资料，像一些历年真题及讲解的参考书。

第三，根据复习强度选择参考书。

每个学校的复习计划不同，复习的强度也会不同。如果学校每天发的练习题及复习手册已经够自己使用了，就没必要再花费时间、金钱和精力去购买另外的参考书。只有在学校发的资料不够的前提下，才应该去选择一些对自己有帮助的参考书。

另外，我还要提醒同学们的是，下面几种复习资料，千万不可忽视。

第一是学科笔记本。这些笔记本记录了老师的板书和章节的重点，它们能将典型例题进行归纳总结，并将同类型的题目进行汇总，可以让你在解题的时候进行更多角度、更深层次的思考。像语文有易错字词本、文言实词虚词本、作文素材本，数学有公式定理本、典型例题本，英语有单词本、语法本、作文本，等等，这些资料一定要充分利用。

第二是好题、错题本。在考试之前，最好把这些本子上的内容再认真看一遍以加深印象，这样可以吸取其中精华，有效防止在考试中再犯同样的错误。

第三是各科试卷。每一次的考试试卷，我们千万不能随便丢弃，因为上面的试题都是老师精心挑选出来的，每道试题都具有代表性、典型性，对于强化同学们在每一轮复习中所需具备的知识和能力很有助益。上面的一些好题，你可以用彩笔勾勾画画，这样复习时就能让自己一目了然。

◆找准自己的得分点

这话一出口，可能很多同学都会长叹一声：“要是能找到，何必

再烦恼。”其实大可不必这么泄气，你自己的得分点是的的确确可以找到的，甚至是可以设计的。

首先，你要明确自己有多少分是绝对可以得到的，这是你的第一个得分点。而对于你已经确信可以得分的题就不必费时费力去管了。

其次，已经确认不会做的题目，即使听老师讲了也不会的。没关系，这些题你大可放弃，这不是你的得分点，没什么可遗憾的。

最后就是你最重要的得分点了，它们就是那些看似会做、实则经常出错的地方，你就从手中的资料里挑选这类的题目开始做吧！但一定要追求质量，而不是速度，要确保做一道明白一道，最后达到做一道对一道的水平。

这样一来，你的得分点就轻轻松松地找到了。其实我也没什么特殊的秘诀，就是让你准确找到自己知识中的薄弱点。

09

准备万全　轻松考场我来了

多年的奋战，最后汇于高考这一搏。面对高考考场，这个可以说是群雄逐鹿的地方，我们应该以怎样的心态去面对呢？在考试过程中，我们又应该怎样做到最好地展示自己呢？

1.身心放松，轻松面对

» 身体调整放松

» 心理轻松自在

面对高考这座难以攀登的高峰，随着时间的迫近，大家总会出现这样或那样的问题。有的同学，高考越临近，反而心态越好，精力越集中，效率也越高；但有的人则不然。根据这些年的观察，我发现，考前的心理对学生的影响简直太大了，在我女儿身上，就曾清晰地出现过这种情况。

我女儿高考那一年，刚过五一，女儿突然告诉我："老爸，坏了，我现在大脑一片空白，什么都想不起来了。"

我知道孩子这种情况是过度紧张造成的，于是安慰她说："就这么点儿事，至于紧张吗？"她听了很吃惊：这么重要的事还不紧张？

我就告诉她："好办，你老爸是教数学的，你恰好是数学出了问题。没关系，我帮你搞定。"

其实当时，我就算搞不定，也必须说能搞定，因为她根本没什么大问题，只是太紧张了而已。我先让她自己制订一个放松期，利用前三周的时间把其他学科的内容快速复习一遍，把最后一周留给我。

到了最后一周，经过前三周的复习，女儿其实已经放松了不少。我就按照高考的模式，让她发现自己并不是出了什么实质性的问题，而是太紧张了，这段插曲就这样轻松地过去了。

其实，在考前的这段时间，当别人都学不进去时，如果你能调整好自己，让自己专注于解决自身存在的一些具体问题，而不去考虑高考的结果，那么这段时间就是你与别人拉开距离的关键期。

◆身体调整放松

想要让自己真正地放松下来，就需要身心都得到调节。怎样才能让自己的身体放松呢？我首推运动。

研究表明，跑步能够消除人的郁闷情绪。当你感到情绪不佳时，不妨试着去跑跑步，这似乎是非常合理的方法。跑步是有氧运动，除了活动肌肉外，还能增强心、肺和循环系统的功能，将原本该有而缺少的东西放回到生命中；同时，跑步能分散注意力，当你在跑步时，你的注意力会转移到身体新的感受上，原本因沮丧引起的不适就被忽略了。

科学研究还表明，人的情绪不佳是由于脑神经元中缺乏副肾髓质以外组织分泌出的激素，而跑步时，这种激素会大大增加，因此能消除人的不良情绪，从而达到舒缓神经的目的。

跑步的作用如此之大，那么什么时候跑步效果最好呢？研究表明，跑步的最佳时机在黄昏，在晚餐前慢跑能消除一天的压力，还对控制胃口多少有些帮助。当然，由于高中生时间比较紧，我建议在晚上9点前后跑步，这样，跑完回到家中，正好精神抖擞，趁这时候学习半个小时，等身体的疲劳感上来，就可以安然入睡了；而且在这种深度睡眠中，你的身体也得到了放松，可谓一举两得。

◆心理轻松自在

高考前，做好心理调节也非常重要。一般来说，我认为可以从以下几个方面着手，锻炼出良好的心态。

首先要保持一颗平常心。

高考时最好的心理状态莫过于保持一颗平常心。所谓的平常心，就是你平时怎么样，高考时就怎么样。因为考试考查的是你平常能力的发挥，如果像对待平常考试那样对待高考，你的心情就会坦然得多，就能轻松度过考试这段时间了。另外，在高考中，如果遇到自己不会的题，也要以一种乐观的心态去看待，你可以想：我不会的，别人也不会；我会的，别人未必都会。这样一种豁达的心态，也会让你轻松度过高考。

保持一颗平常心，除了豁达以外，还要淡化得失。有些同学之所以十分紧张，是因为把高考结果看得太重了。其实，高考并不是“命运”大决战，也非人生的终极点，恰恰相反，它只是人生的一个中转站。考试成功并不代表一切都成功，因为后面还有更长的人生之路要走；考试失败也不表示所有方面都失败，因为你还有其他的路可以选择。同样，升学只是实现人生理想的众多途径之一，除此之外，还有更多更重要的目标等待着你去亲身体验和实践。

提到淡化得失，我想起我教过的一个学生。那年高考，他的数学成绩本来可以考得更高，但遗憾的是，就因为心理负担太重，导致他考试时受到很大的影响。

考试一开始，他答题非常顺利，等考试时间刚过了一半的时候，他发现坐在自己身后的同学已经收拾物品准备交卷了。他大吃一惊，心想："什么人这么牛啊，都答完了？"这样想着，心里顿时就紧张了，后面的题自然就答得不好。他垂头丧气地出了考场，一见到我，脸更臭了。我一看这种情况，忙问缘由，于是他就把事情一五一十地跟我说了。我也觉得好奇：哪个学生这么牛，我得见识见识。结果后来一问，我差点儿气乐了。原来那个学生是体育特长生，人家考试只要得一半的分就可以了。但就因为这一点，我那个学生被吓得心里七上八下的，以致发挥失常，成绩不理想。

所以，在考场上，同学们必须淡化得失心理，带着一颗平常心去考试。要知道，只要你考前复习到位，考试时正常发挥，成绩就不会出现太大的波动。

其次，高考时不能怕出错。

人不是万能的，谁都有可能出错。我们在考试时，不要总是担心自己会出错，更不能一旦出错就不知所措。我们要带着提升自己的心态去考试，时刻这样想：我尽力了，即使有错也是正常的，这说明我自己在平时的复习中还有欠缺，知识上存在漏洞。这次考不好，我还有下次机会，在今后的考试中，我得提前做好准备。

第三，要思想端正。

我用了这样一个严肃的说法，因为我要强调的是，面对考试绝不能存在作弊的想法。一般来说，幻想在考试中作弊的学生，都是学习不怎么样的；对于真正优秀的学生来说，自己做题的时间都要好好斟酌，哪里还有工夫去作弊？

你可能以为作弊的话你就能拿到高分，其实不然。一旦你存了作弊的想法，你的注意力就会放到如何关注监考老师，以及如何从别人那儿得到答案，心思全然不在考题上了。这样导致的结果就是，本来你可以自己答对的题最后也答不对了。

我在监考时，几乎不用费什么心思就能知道谁有问题，只要一看考场上的学生，谁想作弊我就心知肚明了。为什么？所谓“做贼心虚”，人的眼神是最不能骗人的，一旦作弊，那表情和眼神就把他出卖了。作为监考老师，我还有一个“怪癖”，如果发现有人要作弊，我通常特别兴奋，感觉自己好像被充了电一样，觉得这次监考将会特别有乐趣。

不过，我虽然感觉有乐趣，但坚决反对学生作弊。因为作弊不仅影响到学生的学习成绩，也把自己不诚信的一面暴露了出来。这一点目前在我国体现得还不够严重，但在国外，作弊的记录会影响到自己做人的诚信，进而影响自己以后的所有事情。

一个大学生好不容易凭着自己的才学获得国外留学的机会，在导师的实验室内，他每天都用心地学习和工作。国际长途话费比较贵，而他发现实验室的电话并没有人控制，于是他就偷偷地用这部电话给家里打长途。开始的时候并没有人注意，但后来教授发现了，就询问大家谁用实验室的电话打长途了，没有人承认——别人是相信自己是清白的，他则是不敢承认，于是撒了谎。但事情总是瞒不过去，电话记录是可查的，最终他还是被查出来了，结果因为这件事，这个学生被送回国了。

同样的道理，作弊看似小事，但失去诚信事大啊！换个角度说，如果一个人作弊，正说明他内心深处极度自卑，这不是摆明了让别人瞧不起你吗？

高考是人生中极其严肃的一段经历，不要让自己在回忆这段经历的时候，闻到耻辱的味道。

2.小小考卷，我能行

> » 准备齐全，我不乱
> » 要有元帅统领全局的气魄

一旦进入中高考的考场，就意味着你真正进入了角色。在考场上，面对我们为之养精蓄锐了三年的考卷，我们要以一种良好的心态去答题。

◆准备齐全，我不乱

在临考的前一天，我们除了每天保持6小时高效率的学习之外，一定要充分利用其余的时间放松地休息。同时，休息之余，还要把考试必需品准备齐全，检查自己对考试的时间、地点、科目顺序是否记牢，注意给吃饭和路上留出充裕的时间，以免因慌乱而引起紧张情绪。

在奔赴考场的路上以及等待入场的时候，不要和同学谈论与考试有关的内容，尽量保持沉默或谈些开心的话题。进考场前去一次厕所，以免在考试时自己为了去与不去作斗争，也影响自己的答题。允许入场时，就要马上进入考场，坐到自己的位置，把必要的文具放在桌子上，同时观察一下周围的环境，熟悉考场，这样心里就会比较平静了。

在考卷发下来之前，不要让自己空等，那样会更紧张。以数学为例，不妨在等待的间隙，把一些基本数据、常用公式、重要定理等，在脑子里“过过电影”。要知道，这种“过电影”的方法，不仅能够转移考前的恐惧，而且有利于将最佳竞技状态带进考场。

◆要有元帅统领全局的气魄

试卷发下来后，你要将自己想象成一位统帅，要有统领全局的观念。这话怎么理解呢？听我一一讲述。

拿到试卷后，做题的顺序也是有讲究的。一般来说，试卷的内容都是从易到难，先基础后提高，所以，最好从第一题开始，逐题往后做。当然，如果你的心理稳定性好，可以先通览试卷，以便整体把握；如果你见到大题和难题容易紧张，就从前往后按部就班地做吧。但无论以哪种顺序答题，一定切记，审题时要仔细，先做有把握的题目，若是难以确定某题的正确答案，可以先打个问号，暂且放在一边，不要把时间都花在琢磨你不擅长的题目上，否则会失去做后面题的时间，而后面的题很可能就是你认为最简单不过的。对于一个多问的题目，每一个问题的分数往往都是一样的，因此一定要先回答你觉得容易的问题，尽可能拿到更多的分数。

等你将试卷中所有较容易的题目都解决了之后，再回过头来重审试卷，解决遗留问题。通过之前对容易题目的解答，你的思路已经通畅了，开始时觉得很难的题目，此时往往能顿悟，迅速作出解答。至于那些经过思考仍旧不能回答的问题，也不要随便放弃，能想到多少就写多少，或许就能为你增加几分。

为了在考试中提高效率，平时一定要培养自己做题一次做对的能力。现在有些同学，拿到试卷根本不审题，提笔就答，结果答完后就纠结在选A还是选B的矛盾心理中。这样做不仅仅浪费时间，而且加重了自己的心理负担。所以，大家在考试的时候，一定要保证一次做对，不要把希望寄托在检查这一环节上。其实，往往越重要的考试，越没有时间检查，因为前面我们已经分析过了，难题一般都在后面。当然，在做题的过程中，也要注意细心应答，不要出现漏答的现象。

再次提醒大家，在解答计算题时，一定要先思考再计算，计算的每个步骤都要写清，因为正确答案和每一个解题步骤都有一定的分数。另外，千万不要被貌似熟悉的题目所蒙骗，看到似曾相识的题目就放松警惕，不假思索地写出答案，结果很可能会答非所问，聪明反被聪明误。

对于最后的难题，我个人认为，要坚持能拿多少分就拿多少分，一分都不放过。一般来说，高考对于难度较大的题目实行“分段得分”的政策，因此，遇到这些题目，完全会做的题目确保不失分，部分理解的题目力争得到最多的分数。这就要求我们在答题时更加谨慎，会做的题目要特别注意表达的准确、考虑的周密、书写的规范、语言的科学；至于没有完整思路的题目，则要注意把你解题的真实过程原原本本地写出来，这是分段得分的关键所在。

将全部试题答完后，如果有可能，尽量留出检查试卷的时间，这也是考试中的重要一环，可以挽回失误，提高成绩。在检查时，最重要的是做到细心，不要出现误检。

曾经有一位同学，在考试即将结束时，检查中觉得最后一道题答得不够完美，于是便不假思索地划去了原来的整个解答，重新书写自己认为比较完美的解题过程。可是刚刚写了一点点，考试的时间就到了，尽管他奋笔疾书，最终也只能完成一半的解题过程，丢失了大部分的分数。出了考场之后，他和老师进行了交流，发现原来的解答虽然不够理想，但是只会扣掉两三分，而后来居然丢掉了10分，造成遗憾！

3. 暂别考场，迎接新的挑战

» 考试成败莫谈论
» 轻松休息待下科

考完一科之后，许多同学都急忙离开考场，准备下一科再次光临。这样做没错，同学们一定要立即离开考场，同时要注意做到以下几点：

◆考试成败莫谈论

我发现平时考试结束之后存在一种现象，学生们喜欢互相对一对答案，而对完答案的结果就是有人欢喜有人忧。其实，根据我多年监考的经验，我建议大家考完之后千万不要对什么答案。那些喜欢对答案的同学，恰恰反映出他心里没有底，这就像人走夜路要唱歌一样，他是在给自己壮胆呢，你何必陪着他瞎掺和呢？

◆轻松休息待下科

在等待下一场考试的过程中，尤其是中午，最好小睡一觉，让自己沉静下来，不要太兴奋，更不要滔滔不绝地讲述自己的考场经历。最佳的状态是忘记上一场考试，全身心投入到下一场考试。所以在小睡片刻后，不妨把下一场的教材熟悉一下。

在一次重要的比赛上，一位国内跳高运动员面临着冲击金牌的最后一跳。教练对他说："跳过这两厘米，你的房子就到手了。"结果，他偏偏就没跳过这两厘米。

在洛杉矶奥运会上，当受了伤的跳水王子洛加尼斯同样面临着冲击金牌的最后一跳时，教练对他说的是："你的妈妈在家等着你呢，跳完这轮，你就可以回家吃你妈妈做的小馅儿饼了。"最终，洛加尼斯用他的毅力和精神风貌征服了裁判。

同样的情境，不同的结果，说明了什么？轻松的心态很重要。

10 推荐各学科最棒学习法

前面，我简单地提过各科的学习方法，在这一章，我将进行更加集中系统的介绍。这些方法可不是我凭空杜撰的，而是从我的学生的学习心得和我老王这些年的教学经验中总结出来的。

我记得英国科学家达尔文说过：“世界上最有价值的知识是关于方法的知识。”方法确实太重要了。看看我们的身边，有些同学学得轻松，分数也高；有些同学学得辛苦，分数却不高。其实最主要的不是智力上的差别，而是方法的区别。

1.数学其实很好学

> » 兴趣是学习的前提
> » 阶段学习有目标
> » 知识网络布胸中

数学是中学课程中最重要的学科之一。我一直认为，数学是一种美的艺术。我记得一个叫克莱因的科学家说过这样一段话：“唱歌能焕发你的激情，美术能给你赏心悦目的感受，诗歌能拨动你的心弦，哲学能增长你的智慧，科学能改变你的物质生活，而数学能给你以上的这一切。”

确实，如果你真正爱上数学，你会发现，数学的美，美在它的对称和谐，美在它的跌宕起伏，美在它的波澜壮阔，美在它的茅塞顿开，美在它的一题多解，美在它的多题一解，美在它的小题大作……

这样一种美的艺术，应该如何学习呢？很简单，首先你要更新大脑，就是说你要具有严谨的思维、有计划的头脑，以及足够灵活的反应。

我的学生黄爽考入清华大学后曾总结出自己学习数学的经验，他是这样说的：

“高中数学有自己的特点，很有必要作出阶段性的学习计划。

高一时，应打下坚实的基础，‘双基’训练应该加强；

高二时，应不再拘泥于学知识，学会运用是关键；

高三时，应该强化应试能力，为决战做好准备。”

我比较赞成黄爽归纳的这种学习方法，就以此为纲，展开对数学学习方法的介绍吧！

◆兴趣是学习的前提

对学习的兴趣决定了学习的主动性和积极性。我们经常看到这样的同学，为了弄清一个数学概念而长时间埋头阅读和思考，为了解答一道数学习题而废寝忘食，这是因为他们对数学学习和研究充满了兴趣。很难想象，如果一个人对数学毫无兴趣、见了数学题就头痛，他最终却能够学好数学。若要培养自己对数学的兴趣，首先要发现学习数学的乐趣。那么数学的乐趣究竟在哪儿呢？我举几个例子你就会发现了。

达·芬奇的名画《最后的晚餐》可谓众所周知，但如果说这幅画利用了数学的远近法原理，又有多少人知道呢？所谓的远近法，是要有一个基点的，在这幅画上，基点就是耶稣的两只眼睛。同样，宋朝张择端的《清明上河图》也利用了数学的远近法原理。你看那画中的山水，给人的感觉是看到树木便现森林，看见河流便现大海，可谓美哉！

再举个例子，很多女孩子都喜欢穿高跟鞋，而且事实上，女孩子穿上高跟鞋后，那身姿确实是更加妖娆。为什么？这就是利用了黄金分割点的原理。什么是黄金分割点？一个矩形，如果它的宽和长相

比，得到的数据是0.618，这个矩形就是最好看的。一般女性的身材比例是达不到黄金分割的，但是如果加上高跟鞋，就达到了，这时候给人视觉上的感受就是最美的。

这么一看，你是不是也觉得数学其实很有趣？那就好好学习数学吧，让它帮你发现更多生活中的美。

◆阶段学习有目标

万丈高楼平地起，数学的学习也是一样。不管你是初中生还是高中生，要想学好数学，牢固的基础都是必不可少的，所以，在数学的起始阶段，一定要稳扎稳打。这样，初一和高一阶段就显得尤为重要了。

数学基础知识学习包括概念学习、定理公式学习以及解题学习三个方面。学习数学概念，要善于抓住它的本质属性，也就是这个概念区别于其他概念的地方；学习定理公式，要紧紧抓住它们的内在联系，明确它们适用的范围及题型，做到得心应手地运用这些定理公式；数学解题实际上是在熟练掌握概念与定理公式的基础上解决矛盾，完成从“未知”向“已知”的转化，要着重学习各种转化方式，培养转化的能力。

总而言之，在学习数学基础知识时，要注意把握知识的整体精髓，领悟其中的规律和实质，形成一个紧密联系的完整的认识体系，以促进各种形式间的相互迁移和转化。

第二阶段，正如黄爽所说，是运用阶段，自然是指初二和高二阶段。数学应该怎样运用呢？那就是将所学的基础知识应用到解题过程中，尤其要重视培养运用数学知识解决实际问题的能力。在这一阶段，想要获得提升的唯一办法就是多做习题，而且要注意做题的质量。

有的同学不赞成没完没了地做题，认为是题海战术。没问题，我们不用题海，其实只要“题河”就足够了，关键是做题的质量。做题是我们理解数学知识并运用数学知识解决问题的重要途径，所以在这个阶段，同学们必须选择大量的练习题来做。

第三阶段就是强化应试了。在这个阶段，做题当然还是必不可少的，但更加有讲究了。此时做题不再追求多，更要有所针对，明确自己哪些知识点薄弱，多选择这方面的题去练习，做到有目的、见效快。另外要注意，这时候做题的速度应该逐渐放慢，由求速度到求质量，这样才能留给自己思考的时间。

通过这三个阶段的练习，你的“高楼”基本竣工了，只差一个从头到尾的验收了，这个验收就是我下面要讲的知识网络。

◆知识网络布胸中

黄爽曾说：“在数学等科目的学习过程中，只要胸中有‘表’，理清各种知识点的纵横关系，就能拓展思维，掌握具体方法和技巧，明确所学内容。”这话确实不错。同学们不知道听没听说过思维导图？这可是个好东西，它就是通过网络的形式，让你把所学的知识串联起来，使各知识点之间相互连通，做到相辅相成。如何构建这种知识网络图呢？以下面的网络图为例，是不是把数学中的知识都串起来了？其实这只是一个简单的例子，你自己构建的图表完全可以更细致。

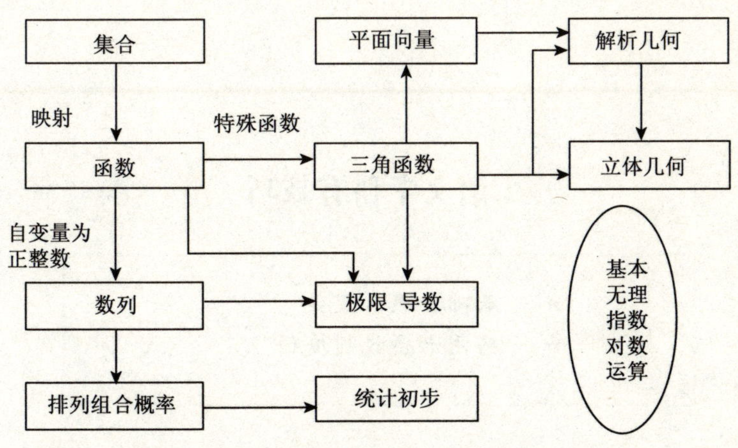

构建这种网络图要经过两个步骤：

第一步：认真学好每一个知识点，打下坚实的基础；

第二步：把握各知识点之间的逻辑关系与体系结构。

只有经过这两步，才能真正利用好知识网络图。那在构建网络图时还要注意哪些原则呢？

首先要注意由点及面。知识网络图是由每一个单独的知识点组成的，每个知识点都是中学阶段要求必须掌握的基础，而要想在考试中取得好成绩，必须先夯实基础，也就是我们所说的学好“点”。

但仅仅学好“点”是远不够的。现在高考越来越朝着考查综合能力、发散能力的方向发展，所以，在掌握好“点”的基础上，运用知识网络图，将知识点之间的联系理清，做好“面”的学习，才是在高考中取得优异成绩的关键！

其次要把握综合的原则。在网络图中，要体现出你的思考过程，把你对每个知识点的练习心得写在后面，才能展现你的综合所得；而这种思考后的大量练习，也能让你更熟练地掌握这些知识间的逻辑关系。

2.语文学科有技巧

» 基础当然很重要
» 巧用方法找到捷径

高考语文的知识量之大、覆盖面之广、灵活性之强，往往让人望而却步，但面对高考时那150分，人人都不愿意却步。语文学科要取得好成绩，靠的是实力，而这实力从何而来？看看下面的内容吧！

◆基础当然很重要

为什么我说语文要想取得好成绩拼的是实力呢？这是因为，在语文考试中，可能凭运气拿到高分的只有两种类型的题目，一类是词语选择填空、改病句、上下文衔接三道题，另一类是字音、字形、成语三道题。这几道题都是可能凭运气猜到的，但其余的题则是要拿出真本领来的。

首先来分析构成语文的文字。无论什么样的文章，都是由句子组成的，而句子是由词组组成的，词组则是由字组成，所以，字是根本。要想掌握文字的“根”，就要具备语言驾驭能力，这是进行阅读和写作的必要前提。所以，对语文基础的积累，可以远溯到孩童时

期，近则要推到初中时期。

构成语文的还有一个因素就是“情感”。文为心声，文章是传情达意的工具，要想体会到文章中的情感，需要具备一定的语文素养，而这种素养也是在天长日久的积累中得来的。

基础如此重要，而若要打下坚实的基础，就必须从日常生活中积累，不妨多读书，多看一些文章，以增加自己的文学底蕴。

◆巧用方法找到捷径

有的同学可能会问：“老师，我平时没有太注重积累，那考试前怎么办呢？”不要担心，我的学生张亦楠可以告诉你们一条捷径。

首先，从《古文观止》入手。之所以选择这本书，是因为里面的文字不难，适合大多数学生阅读；而且，这本书最利于训练理解能力和积累古汉语知识。等你多读几遍后，就会对全书的内容有比较透彻的理解，积累下不少字词知识。

其次，要有意识地积累诗词。可以先由五言绝句着手，由浅入深，培养自己的文学功底。

最后，课本上的文言文也不可忽视，一定要落实字词，需要背诵的决不能应付了事；至于现代文阅读，我觉得功夫主要在课外，不必死抠课本中的那几篇课文。

当然，语文的基础知识也可以用网络图的形式进行归纳，梳理到自己的脑子里。下面的网络图可以参考一下：

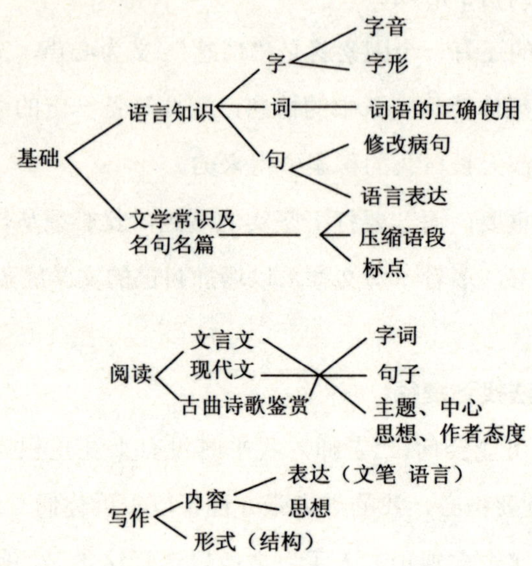

3.英语考前重感觉

» 基础英语要扎实
» 英语应试有奇招

英语学科在某些方面和语文有共通之处，但不同之处在于，英语重在积累，而且应试技巧远多于语文。所以，英语更要求学生具有基本的词汇量、良好的语感、扎实的语法知识。如果缺乏这些条件，高考英语是不可能拿到高分的。

我的学生张亦楠总结出自己学习英语的方法时，尤其提到了“语

感”，用他自己的话说，由于小时候学过新概念英语，所以锻炼出了过硬的语感，于是在三年的高中生活中，自己找到了应试技巧。

◆基础英语要扎实

掌握英语基础知识，是学好英语的主要突破口，而要想英语的基础知识学得扎实，首先就是要扩充自己的词汇量。根据我考博士的经验，我认为，阅读、背诵是掌握单词的最好办法，让词汇与阅读齐头并进，从而产生事半功倍的效果。

为了迅速扩充词汇量，同学们不妨先从背诵课文入手，然后逐步选择一些对你们来说稍微有些难度的阅读材料，可以选择上千字的文章，这种文章里通常会有二三十个生词，而且这些文章涉及的范围很广，涵盖了多个领域的词汇。

学习单词、扩充词汇量要通过反复阅读来实现，而对于英语的另一个重头戏——听力，则要采用另一种方法来提高了。

同学们不妨在早晚听一听学校随书发的磁带，如果觉得枯燥，则可以听一些英文广播或者看些原版电影，这有利于培养语感；还要利用一切可能的机会和别人进行英语对话，现在走在路上经常会遇到许多外国人，你如果逮到机会，一定要和他们多说几句。

关于英语作文，这是高考英语中分值比较高的一项，我的建议是多背一些范文，掌握基本的篇章架构以及一些写作常用语言。你脑子里储备的不同类型的作文多了，在写作时自然就流畅得多了。

◆英语应试有奇招

英语属于工具学科，在考前和考中，如果方法得当，是可以运用一些奇招获胜的。同学们不妨试一试，或许可以助你在高考时多得几分。

先来说考前。在考试的前一天晚上，你一定要找到语感，方法是做几套完型填空，但必须做得“精”，每道题加以仔细揣摩，不要受时间限制；切记，考试前不要做单选题，因为单选题的覆盖面广，很容易出现越做题自己反而越糊涂的现象。等待开考的时间里，最好不要看任何有关的英语材料，否则它会使你在考试期间分神。

再来说考试中。试卷发到你手中之后，要先阅读一遍听力题，这样在放第一遍听力的时候，你就能做到心中有数，闭目凝神，争取听清每一个单词，听完后，把所有的题目答一遍，等放第二遍的时候，你只需将拿不准的题目听清就可以了。如果有些题确实没有听清，那就快速选择一个答案，然后不要再想它，专心开始其他试题的作答。

对于非听力卷，我重点要说的是完型填空、阅读理解和作文。做完型填空题时，一定要学会分析选项，如果某个选项的单词在原文中出现过，则它是正确选项的可能性最大；对于阅读题，则可以用换位思考的方式去分析，将自己写文章的思路和原文相比较，你就会发现正确答案的所在了；在写作的时候，有一个快捷的方法，就是从阅读题的文中选一些好词、好句用到你的作文中，既简单又不会错。

4.“理综”方法不可少

> » 概念性质要记牢
> » 解题方法要弄清
> » 注重联系很重要
> » 冲刺阶段很关键

理科综合在高考中虽然只是一科，但其分值却占据了高考总分750分的40%，即300分，比具有相同考试时间的语文学科高了整整一倍，所以理科综合发挥得好还是差对高考成绩的影响尤为显著。因此，“理综”的复习方法和复习效果，对于提高高考成绩是至关重要的。

下面我针对高考前的复习，介绍一下理科综合的复习方法。

◆概念性质要记牢

一般来说，在复习的过程中，许多同学的定位就是做题。诚然，题不能不做，但如果对教材的基础知识掌握得不牢，就会存在较多的知识漏洞。所以，复习中首先要做的就是“看书”。要注意，我这里说的“看书”，不是简单地翻翻书上的概念和例题，而是要把教材中的知识进行融会贯通，对教材内容深思熟虑，对实验内容理解掌握。这样，在你的头脑中就会形成一个记忆仓库，这就是你考试答题所依靠的根本。

我们不得不承认，基础知识部分确实要依靠记忆，如果基础知识掌握不牢，那整个知识架构就等于是无源之水、无根之木；同时，高考对综合能力的测试，也主要是对大家基本知识理解能力的考查。在复习过程中，大家要依据教材、笔记等资料，归纳总结知识点，以形成自己的知识网络图，并培养自己正确复述、再现、辨认的能力。

物理是与数学密不可分的学科，有着严密的规律表述，并且存有现实的客观模型；化学是在原子—分子水平上研究物质组成和变化的学科，强调的是离子、原子、原子团之间的相互影响，物质结构与物质性质之间的内外因关系；生物则更多地研究以生化反应为基础的生命活动规律以及其与外界环境的关系。另外，对基础知识的掌握还必须包括对理、化、生学科的共同特点——实验探索和实验技能的掌握。

◆解题方法要弄清

做题是高考复习中必不可少的环节，但做题也是有讲究的。我们要明确做题的目的是什么，是针对哪部分的知识点的缺陷而做的，这样有目的、有针对性地做题，对于提高能力效果更好。我建议同学们做一些历年的高考真题，而且一定要把握好“精选”的原则：选择要做的习题时，一要从复习的目的出发，从“考试说明”的要求出发；二要考虑复习期间考试内容；三要一步一个脚印，切实了解该题的命题意图和解题思路。这样做题才能有的放矢，才能发挥应有的作用。

在这里，我还要提醒大家，做题要以“质”取胜，不要一味求多，更不要去找一些见所未见甚至是胡编乱选的所谓的“新题”来打

击自己的应试信心。

◆注重联系很重要

进行理科综合的复习，必须注重知识的内在联系。上面我们提到了知识网络图，这是对知识点进行梳理整合的一个很好的方法；但我们还要注意训练自己把知识点联系起来的综合能力。近几年，高考题型更注重应用、更注重联系实际、更注重学科间的交叉渗透，因此，在把握基础知识的前提下，要尽可能地选择一些综合强化的练习题，在做题的过程中，注意解题的规范性、正确性、条理性。

同时，每年的高考题中都少不了一些热点问题，如物理中的力学、电学、热学、光学、原子物理学，化学中的基本概念和基本理论、元素及其化合物、有机化学基础、化学实验、化学计算，生物中的生物体基本结构单位、生物体的功能、遗传和进化、生物和环境，对于这些知识点一定要特别关注，加以练习。

◆冲刺阶段很关键

进入高考复习的冲刺阶段，理科综合各科的复习方法也变得更加重要，下面我分别说一下。

化学：首先要注重基础知识的再整理。可以列出与基本概念、基本理论、元素化合物、有机化学基础、化学实验和化学计算相关的内容，检查自己还有哪些记得不牢，再回归课本。这是知识的复苏阶段、查漏补缺阶段和提升阶段，至少要通读三遍课本。读什么？读课本中的重点方程式、物质用途、高科技前沿信息、图示、实验后的习题，等等。在读的过程中，要将记忆和思考相结合，绝不能把“读”

当做一种形式，白白浪费时间。

其次要根据考试说明抓重点。高考理科综合试题中，涉及化学知识的题目基本上是8道选择题和4道大题。其中，选择题主要考查概念性的内容、元素化合物知识以及理论部分的内容，这些都是最基础的，和生活有着紧密的结合。有机推断和无机推断题在高考中出现的频率也比较高，化学实验所占的分值比例也在逐年升高，而对于化学计算和基本理论（物质结构、电解质溶液、化学平衡和化学反应速率）的考查，通常每年会轮流出现一个题目。

同学们要充分利用考前冲刺这个阶段，及时发现自己存在的知识漏洞，有针对性地进行复习，加以弥补。

物理：前面我已经提过，一定要先确定自己的目标，然后再采取有效的复习策略，在冲刺阶段这一点显得尤为重要。比如高考目标定为本科的同学，就要保证中、低档题有80%的正确率，而对难题就要懂得放弃，不在上面浪费时间和精力。

和化学一样，这一阶段也要重视对教材回顾。物理的许多试题都源于教材，有的是课本原题的巧妙变化，有的是课本习题的情景再现，有的是课本插图或阅读材料的引用，所以，我们一定要做到对课本内容有全面的了解和足够的熟悉。

生物：近几年，生物实验题在考试中所占的比重越来越大，所以在冲刺阶段，我们必须结合实验内容复习，最好在复习时达成以下目标：明确做什么，就是要明确实验要达到的宏观目标；掌握实验怎样做，就是要熟悉实验操作步骤。这个环节特别重要，因为高考考查的就是那些启迪和训练思维能力的东西。

5.“文综”学习，识记是重点

» 不背则记，莫偷懒
» 图文结合，易学好记
» 针对学科，巧安排

我的老家在山东农村，我从小就知道种植不同的庄稼，要根据不同的地形、气候因素做到因地制宜、因时制宜，其实这个道理在学习上也同样适用。什么意思呢？所谓“因地制宜”，就是要根据不同学科的特点和个人的实际情况制订不同的学习任务和方法；“因时制宜”就是在不同的复习、应考阶段制订不同的策略以突出重点。所以，在文科综合复习时，也要把握好自己的实际情况，有针对性地复习。

◆不背则记，莫偷懒

对于文科综合，我觉得，首先的一条原则就是“该记则记，不要偷懒”。有人说文科就是背书，这话虽然不全对，但也有一定道理，这是由文科知识的积累性质造成的。

但有的同学可能要说了：“我确实很用功地看过书了，但还是背得乱七八糟的。”这种情况的确存在，在背东西的时候，经常不是记不住就是记混了，比如历史事件先后分不清、评价无法对号入座、政治要点记不全，等等，这些确实很让人恼火。

前面我说过，我主张在理解的基础上背诵，只有这样，你才可能在合上书本以后将看过的内容条理清晰地复述下来。我介绍几个方法，希望能对同学们有所帮助：

第一种方法是做自己的老师。什么意思？你要学会向自己提出问题，然后自己回答。这个办法你可以用在每一章复习结束后，用问题的形式将知识展现出来，这样就把内容进行了分割整理，记忆起来也容易多了。如“太平天国运动爆发的背景是什么？评价是什么？”“国体与政体的含义是什么？关系是什么？”等等。这样运用蚕食的政策，把知识一点一点都熟悉了，最终就把全书的脉络理清了。

第二种方法是抓关键词。你们不妨仔细观察，无论什么样的句子，也不管是文科还是理科，一句话中总会有几个最关键的中心词，其他词都是起修饰作用的。如果你能把这些关键词记住了，既可以减轻记忆负担，又可以保证要点不重复、不遗漏。比方说“战国时期农业发展的表现有哪些”这个问题，答为“铁农具开始使用……牛耕的出现大大提高生产效率……兴修了大量水利工程”等，那么我们可以把它归为“铁”“水”“牛”，或“水”“铁”“牛”，三个字便将全部的内容串联起来，要点一个也不会丢。

第三种方法是对比法，这实际上是一种发散性思维的方法。你可以用横向对比的方法记住要记的内容，比如同种气候类型在不同大洲的分布等，用这个方法相当有效。

文科综合的基础就是记忆，没有捷径可循，你只有巧用各种方法去强化记忆，才能让达到事半功倍的效果。

◆**图文结合，易学好记**

前面我讲过，知识网络图是一种很好的记忆方法，对于文科综合来说也不例外。其中的道理我已经说过，就是把知识点进行串联，可以让人把脑袋里的知识理清，不至于一团糨糊。同学们不妨参照下面的网络图，把其他学科的网络图整理出来，让各科知识脉络清晰。

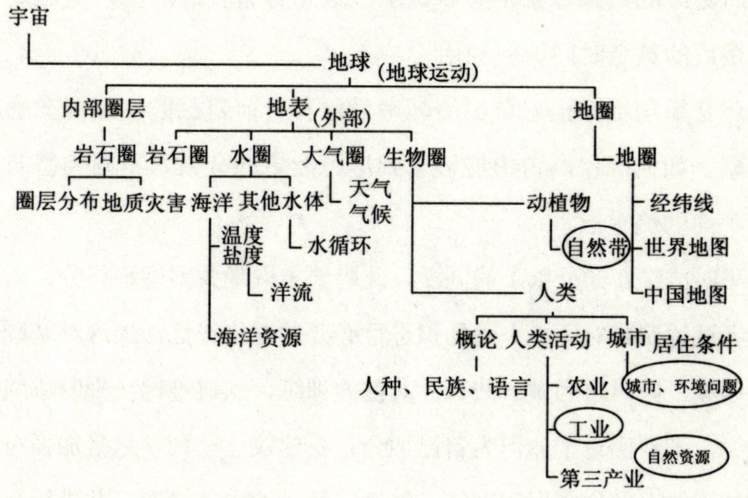

◆**针对学科，巧安排**

虽然文科综合都是以记忆为主，但各学科具体情况不一样，在冲刺阶段，也要注意各自的复习方法。

地理：回归课本，知识再现。就是一定要充分重视课本，按内容专题，在大脑中将课本的知识进行梳理整合，以做到能够信手拈来。另外，目标不同的同学，也要根据自己的实际情况，采取有效的方法。

一般来说，我还是建议结合自己的高考目标，有选择地复习。平时考试成绩在50分以下的同学，这时候就要大胆放弃，懂得抓重点、出成绩，意思就是放弃难点，重点掌握基本的知识点；成绩中等的同学，就要重点掌握自己较为薄弱但又能在短时间内取得突破的知识点，比如人文地理部分，特别要注意《必修I》、《必修II》的内容；至于平时单科成绩比较好的同学，此时要保持良好的备考心态，尽量避免低级错误和不必要的失分，如果想要拿到更高的分数，就要掌握“时间计算”、“日期变化”、“晨昏线”等类型的题目。

历史：回归课本就不必多说了，这是毋庸置疑的，但是还要合理规划最后的黄金时间如何利用。

还是那句话，根据自己的高考目标和目前自己的实际情况确定备考方略。如何确保高考中能够拿到尽可能多的分数？不同类型的考生应有不同的侧重点。

平时成绩在60分以下的同学，此时要争取最大限度地得分，可以结合《考试说明》对历史主干知识进行必要的强化记忆，加深对基础知识点的印象，同时适当做一些有针对性的训练，回避难题；平时成绩中等的同学，则要侧重于如何为自己加分，我建议这些同学尽量加强对历史基础知识的系统化掌握和理解，整理以往试卷中的错题，并进行必要的“文综”训练，保持良好的做题感觉，同时对试题类型及相关解题方法进行归纳总结；平时成绩比较好的同学，要将复习重点放在查漏补缺、保持优势上，结合自身实际进行有针对性的“文综”训练。

政治：首先是还是回归课本，无须赘言。其次，根据《考试说明》以及自身实际，找准自己目前的定位，发掘自己的优势。确定得分点后，如果还能有所提升，就要抓住一两处重点，决不能采用普遍撒网的做法，那样反而没效果；如果已经达到自己的极限，没有提升的空间了，那就以保分为原则，重点抓基础。

附　录

教你几招：高考志愿填报进行时

1. 填报志愿之前应该关注哪些资料？

答：首先要研究自己的目标学校的章程，这是考生唯一可以依赖的权威性信息。大家要重点关注你们手中的那个大厚本子，我再三提醒各位考生和家长，这个大厚本子一定要认真看，因为里面包含了这些学校近三年录取情况的详细数据和信息。

另外一份要重点关注的参考是《考试通讯》，就是学校发下来的一份关于高考的报纸。在这份报纸上，列举了近年各个学校详细的招生情况，是对过去几年的录取信息比较准确的统计；此外，更重要的是，上面还登载了当年各个学校的招生计划。

对照《考试通讯》看今年的计划，对照各个学校的章程看过去的信息，在比较的过程中，你可以发现自己的目标学校的招生名额和专业是增加了还是减少了。

2. 什么是级差？如何获得各学校的级差？

答：举例说明，假如两个学生高考成绩均为500分，填报志愿时他们都报了中国人民大学的财经专业，而这个专业当年的录取分数线恰恰就是500分，不同的是一个学生把财经专业报在第一志愿，另外一个学生把财经专业报在第二志愿，虽然同样是500分，但那个将财经专业报在第一志愿的学生是首先要被录取的，而报在第二志愿的学生恐怕不会被录取，除非他考到了505分。这就是我理解的级差。

关于各学校的级差，在材料上是看不到的，唯一的了解渠道就是咨询学校的招生办，或者向他们派往各地的招生负责人咨询。现在，招生开始前，各所大学派往各个省的招生人员就会到位，他们也都会公布联系方式，考生和家长不妨联系这些负责人，将这些问题落实清楚。

3. 加分对考生的最后录取结果有何影响？

答：现在有很多考生提前获得了加分资格，对于这些考生，有些大学是在总分的基础上加分之后投档，但录取的时候还要把这些加分减掉；有些大学则是加分以后投档，录取的时候也不会把加分减掉。各高校具体情况不同，考生和家长可以提前咨询各学校的招生负责人。

4. 如何选择专业？

答：未来最热门的行业是什么？其实到现在还没有产生，所以对学生来说，在志愿的选择上，要考虑多方面的因素。

首先，要对自己有一个大体的估量，看你是一个适合专业性的人才，还是适合大众化的多面手，同时还要考虑毕业以后就业的实际情况。比方说，如果你是那种比较适合专业性的人才，就可以选择一些专业性强的专业，如医学类中的临床医学、财务中的高级计算师或者

计算机软件。

另外，选择专业的时候也不要忽视自己的家庭背景。根据不同的家庭背景，每个人将来就会有不同的职业选择。如果一个人的家庭社会背景比较丰富，而且他本人也有一技之长，那么他将来的就业相对会比较容易。

在专业的选择上还要体现出前瞻性的思考，我们可以展望一下国家四年之后的发展以及那时对这种人才的需求程度。比如前几年炒得异常火热的生命科学，这个专业的分数非常之高，出国留学的机会也比较多，但是从社会的需求量来看，这个专业并不占优势，因为高端技术需要的人才本来就很少，几年后，国内对这个专业的人才的需求就出现了严重的过剩，结果则是选择这个专业的同学在毕业之后就业的难度比其他专业的学生更大。

当然了，如果你并没有把本科当成学生时代的最后一站，而是当成中间的一个加油站，希望通过本科来进入研究生阶段，继续进修，那么你在填报志愿的时候就要更注重学校，尽量选择一所让你更有发展前景的学校。

5. 最低分、最高分、平均分，对填报志愿有什么帮助？哪个分数最有用？

答：每个学校都公布的那个第一志愿的上线率，对学生来说最为重要。比如说某所学校计划招生100个人，然后公布了第一志愿的上线率，如果它的第一志愿上线人数不足100个，说明这所学校一定会从第二志愿里录取，在这种情况下，我觉得你只要达到它这个批次的最低分数线应该就可以被录取了；但是如果它计划招生100个人，结果第一志愿上线的就有120个人，这个学校计划录取的人数少于第一志愿上线人数，那这里面就要有20个人落榜了。

所以，我一直非常重视研究各学校的章程，尤其是第一志愿的上线率。这样你在填报志愿的时候，如果估计今年考上一本比较悬，比较有把握考上二本，那就应该找一所第一志愿可能报不满的一本学校，这样，只要你过了一本分数线就肯定能进那所学校。

也有的学生第一志愿报得比较高，寄希望于第二志愿，万一第一志愿落榜，能被第二志愿接收，那么第二志愿就必须选择一所第一批录取不满的学校，这时候也要看第一志愿的上线率。

6. 应该怎样看待学校所在地域的选择？

答：这个问题要因人而异，但是从地域来讲，如果大学所在的城市比较现代化，信息和科技都比较发达，对一个学生4年乃至7年的生活和学习来说，是一件好事，因为在现代化的城市生活，会对他的一生产生巨大的影响。从这一点来讲，报考的时候确实应该考虑学校所处的环境。

如果一个学生喜欢现代化，性格也是比较开放的，他就应该选择软、硬环境方面都相对好一些的城市；如果一个学生想卧薪尝胆，找一个安静的城市学习，也是非常好的事，这样，他对学校环境也会看得比较淡。

这里我还要提醒考生注意的一点，就是不同城市的大学录取分数的差异问题。两所排名、档次差不多的学校，由于所在的地域不同，一个在发达地区，一个在欠发达地区，可能录取分数就会有差距，发达地区的学校录取分数就要高一些；不过如果用发展的眼光来看

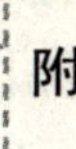

的话，可能几年之后，经济相对欠发达地区的学校排名会逐步提升。所以，从这一点来讲，在选择学校的时候，考生要全方位考虑地域因素。

7. 招生人数越多的学校就越保险吗？

答：从概率的角度来看，一所学校招收的人数越多，报它的人必然就越多；招收的人越少，报它的人也越少，所以我觉得竞争的激烈程度是一致的，不会因为它招收的人数多，录取分数就降低；它招生人数少，录取分数就高。

8. 第一、第二、第三志愿的填报原则是什么？

答：我辅导学生填报志愿时坚持一个原则：第一志愿求稳，第二志愿保底，第三志愿可以冒险。冒险也是讲究技巧的，经常有些信心满满的考生觉得没有必要填第三志愿，我却不这么认为。某个志愿，因为填的人少，反而恰恰给了你一个机会，所以，在填报志愿时，不妨将第二志愿、第三志愿都作认真考虑，或者都可以冒险，甚至你第二志愿、第三志愿报的学校完全可以超过你的第一志愿，没准儿因为有的学校录取的人少，一般人不敢报，正巧就让你碰上了。

这种情况我在山东教学期间就遇到过。那时我专门负责辅导学生填报志愿，山东一直是高考成绩公布以后再填报志愿，一些名牌大学经常第一志愿招不满，也就是因为这个原因，我的很多学生通过第二志愿、第三志愿进了第一流的学校。有些学生的志愿，我采用的是跟常理相反的报法，比如第一志愿我给他报的是大连理工大学，第二志愿是中国政法大学，第三志愿则报了北京大学。你看，就这样反过来，在一般人看来这是有点儿“变态”的报法，结果由于填报大连理工大学的人多了，这个学生没被录取，而中国政法大学由于没招满，反而把他给捡上了。

9. 考生在省里面的位次是不是很重要？

答：这个确实很重要，甚至比分数都重要。各所大学在每个省都投放了一定数量的招生指标，按照这个指标去录取学生。我举个例子，如果清华大学在你所在的省投放的指标是50个人，而你正好排在前50名，那你就可以毫不犹豫地报清华大学，所以你在本省的排名是决定你报哪所学校的最根本条件。不过，你还得顾及另外一个因素，比如那些最顶尖的学校，还有一些二类学校，你是没办法估测它们在本省招收多少个学生的，但是，你可以参照这所学校去年的录取分数线比一本分数线高出多少，这应该是考虑的第二个重点。比如，北京理工大学在你所在的省的录取分数线，连续三年比一本线高出60分，那么如果当年你的高考成绩比一本线高出70分，你报这所学校就比较有把握。所以，在填报志愿时，一要看排名，二要看你和分数线的差距，最后还要看你的目标学校往年在本省的录取分数，综合考虑这些因素，基本上就可以作出一个整体的判断。